KARL PETER RÖHL

IN WEIMAR 1912-1926

KARL PETER RÖHL STIFTUNG WEIMAR

IMPRESSUM

Karl Peter Röhl in Weimar 1912-1926

Herausgegeben für die Karl Peter Röhl Stiftung Weimar
an den Kunstsammlungen zu Weimar von
Michael Siebenbrodt und Constanze Hofstaetter

Katalogbuch

Konzeption:	Michael Siebenbrodt Constanze Hofstaetter
Redaktion:	Horst Roeder Constanze Hofstaetter
Gestaltung:	Klaus Nerlich, Weimar
Fotoarbeiten (Katalogteil):	Fotoatelier Louis Held, Eberhard und Stefan Renno, Weimar
Lithografie:	EGLITHO Erfurt
Druck:	Buch- und Kunstdruckerei Keßler GmbH, Weimar
Buchbinderei:	Kunst- und Verlagsbuchbinderei GmbH, Leipzig

Ausstellung

Konzeption:	Michael Siebenbrodt

ISBN 3-929323-13-3

INHALT

Kat. 59
Karl Peter Röhl, Farbstudie, 1922,
Gouache und Collage/Papier.

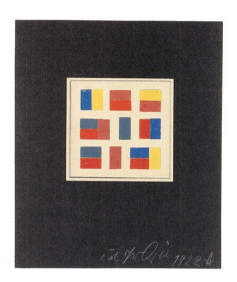

VORWORT

Karl Peter Röhl (1890-1975) prägte mit seinem Temperament und seiner besonderen Kreativität die Kunst- und Künstlerszene in Weimar in der ersten Hälfte der zwanziger Jahre wesentlich mit. Als ehemaliger Meisterschüler der Weimarer Kunsthochschule gehörte er ab 1919 zur ersten Studentengeneration des neu gegründeten Staatlichen Bauhauses in Weimar unter Leitung von Walter Gropius. Hier wirkte er an der komplizierten Aufbau- und Formierungsphase mit, in die er auch die Impulse der Weimarer Künstlergruppe um Johannes Molzahn bis 1921 einbrachte. Mit der ihm eigenen Vitalität setzte sich Röhl mit den sozialutopischen Visionen unmittelbar nach dem Ersten Weltkrieg ebenso auseinander wie mit künstlerischen Impulsen aus Expressionismus, Futurismus und Konstruktivismus. Kosmische Welten und dynamische Strukturen sowie Darstellungen des „neuen Menschen" bestimmen sein Schaffen bis 1921. Als Theo van Doesburg 1922 seinen berühmten De Stijl-Kurs in Weimar überwiegend vor Studierenden des Bauhauses hielt, stellte ihm Röhl sein Atelier als Vortragsraum zur Verfügung. Bis 1928 wurde Karl Peter Röhl selbst zum Protagonisten dieser Bewegung und leistete eigenständige Beiträge zur Erweiterung der Formensprache des „Stijl", integrierte Einflüsse des russischen Konstruktivismus und Moholy-Nagys. Röhls berühmtes „Sternenmännchen", das erste Signet des Bauhauses von 1919 bis 1921, markierte den Beginn seiner typografischen Arbeiten und die Beschäftigung mit Zeichensystemen bis hin zu den beiden „Frankfurter Folgen" 1926 und den Piktogrammentwürfen für Leitsysteme im öffentlichen Raum. Figuration und Abstraktion bildeten die inhaltlichen Pole der künstlerischen Arbeit Röhls in Weimar mit sich wandelnder Gewichtung. Nach seiner Berufung an die Städel-Schule in Frankfurt a.M. 1926 behielt Karl Peter Röhl sein Weimarer Atelier für die künstlerische Arbeit in den Semesterferien und blieb in die Weimarer Künstlerszene integriert. Seit Ende der zwanziger Jahre orientierte er sich künstlerisch neu in Richtung realistischer Landschafts- und Porträtmalerei teilweise mit symbolistischen und völkischen Elementen. Nach dem Zweiten Weltkrieg kehrte Röhl in seine Geburtsstadt Kiel zurück und knüpfte an seine künstlerischen Erfahrungen der frühen zwanziger Jahre an. Frieden und Wiederaufbau reflektierte er in farbintensiven abstrakten Kompositionen ebenso wie den Wissenschafts- und Industrialisierungsschub der 50er und 60er Jahre mit seinen Struktur-, Raster- und Schablonenbildern.

Künstlerisch wie politisch bleibt Karl Peter Röhl eine schillernde Figur, in der sich die Widersprüche und Verwerfungen unseres Jahrhunderts widerspiegeln.

Mit dieser Publikation und der Ausstellung im Schloß Belvedere stellt sich die Karl Peter Röhl Stiftung zu Weimar erstmals öffentlich vor. 1996 hat die Tochter des Künstlers, Marinaua Röhl, testamentarisch diese Stiftung begründet und große Teile des künstlerischen und biografischen Nachlasses an die Kunstsammlungen zu Weimar übergeben. Mehr als 180 Gemälde, 5.000 Handzeichnungen, 350 Druckgrafiken und typografische Arbeiten, Archivalien und persönliche Gegenstände sowie Werke befreundeter Bauhauskünstler von Lyonel Feininger bis zu Marcel Breuer stehen nun der Öffentlichkeit zur Verfügung.

Unser Dank gilt Dr. Werner Heller, der die Gründung der Stiftung engagiert begleitet und gefördert hat, und besonders Stephanie Gräfin Vitzthum von Eckstädt für ihre Schenkung von Kunstwerken aus dem Röhl-Nachlaß. Der Stiftungsvorstand freut sich, die Geschichte der klassischen Moderne in Weimar um das facettenreiche Werk Karl Peter Röhls bereichern zu können, das es in weiten Teilen noch zu entdecken gilt.

KARL PETER RÖHL: LEBEN UND WERK

Am 12. September 1890 wird Karl Peter Röhl in Kiel geboren als ältester Sohn von Karl Friedrich Röhl, Reitknecht und Kutscher am Kieler Schloß, und seiner Frau Dorette Röhl, geborene Peters.[1] Eine besonders enge Beziehung verbindet ihn mit seiner Mutter, einer musisch veranlagten Frau, die in ihm die tiefe Naturverbundenheit weckt, die ihn sein Leben lang bestimmen sollte. Über seine Geschwister und seinen Vater dagegen ist wenig bekannt; zu seinem Vater, dem er die Schuld am frühen Tod der Mutter im Jahre 1911 gibt, bricht Röhl jede Verbindung ab.[2]

Nach dem Besuch der Volksschule absolviert Röhl auf Wunsch seiner Eltern von 1906 bis 1909 eine Lehre als Dekorationsmaler.[3] Ergänzend besucht er seit 1908, zunächst als Abendschüler, später ganztägig die neu gegründete „Städtische Handwerkerschule" in Kiel, die neben dem gewerblichen Pflichtunterricht für Lehrlinge kunstgewerblichen Unterricht für Vollschüler bietet. Hier studiert Röhl, mit Ausnahme eines Semesters in Berlin, bis zum Sommer 1912.[4] Seine Lehrer sind der Architekt Friedrich Wilhelm Jochem, der als ehemaliger Meisterschüler Joseph Olbrichs die Kieler Schule dem Jugendstil öffnet, und Friedrich Mißfeldt, ein Vertreter spätimpressionistischer Landschafts- und Genremalerei. Die wenigen erhaltenen Zeichnungen Röhls der Jahre bis 1911 zeigen - neben impressionistisch gestimmten Landschaftsskizzen - Einflüsse des Symbolismus in Blättern mit phantastischen Visionen dämonischer Luftgeister in der Nachfolge etwa Odilon Redons oder Alfred Kubins.

Weisen diese Arbeiten noch kaum eigene künstlerische Handschrift auf, so wird der Aufenthalt des Zwanzigjährigen in Berlin, wo er im Wintersemester 1910/11 Schüler der Lehranstalt des Kunstgewerbemuseums ist, von wesentlicher Bedeutung für seine weitere Entwicklung.[5] Hier ist er, neben freier Betreuung durch den mit seinem Kieler Lehrer Mißfeldt befreundeten Emil Rudolf Weiß, Schüler der Malklassen von Hermann Gehri und Adolf Strübe. Röhl bevorzugt den freieren Unterricht Gehris, der, gerichtet auf die Entfaltung der Eigenart seiner Schüler, deren schöpferische Kräfte geweckt habe.[6] Als entscheidendes Moment kommt die Begegnung mit chinesischer und japanischer Tuschmalerei hinzu, ebenfalls vermittelt durch Gehri, die ihn in einer großen Folge von Tuschezeichnungen erstmals zu seiner spezifischen, gestisch-spontanen Malweise finden läßt.[7] Neben Porträtköpfen und Straßenszenen entsteht ein *Totentanz*-Zyklus, in dessen Bildwelt, von riesenhaften Geisterwesen bevölkert, die ein willkürliches Spiel mit ohnmächtig kleinen Menschen treiben, die Motive aus dem Umkreis des Symbolismus der früheren Arbeiten weiterleben (Kat. 1-3).

Trotz künstlerischer Anerkennung an der Berliner Schule[8] muß Röhl aufgrund mangelnder Mittel zum Semesterende nach Kiel zurückkehren, wo er für ein weiteres Jahr Schüler der Handwerkerschule wird. Hier finden die Fortschritte der Berliner Zeit ihren Niederschlag in zahlreichen preisgekrönten Entwürfen in Wettbewerben der Handwerkerschule, die zum Teil an öffentliche Aufträge gebunden waren. So gestaltet Röhl das Titelblatt des *Führers für Kiel und Umgebung* von 1912 mit einer maritimen Szene, die die Berliner Anregungen aus dem Umkreis des japanischen Farbholzschnitts aufnimmt.[9] Aus dieser Zeit haben sich eine Reihe von Kohle- und Bleistiftzeichnungen aus der ländlichen Umgebung Kiels erhalten, die den Unterricht des Freilichtmalers Mißfeldt dokumentieren. In der malerischen Aneignung der Motive, großformatig ins Bild gesetzter Reetdachhäuser und Hünengräber in teilweise abstrahierender Nahsicht, wird bereits ein zentrales Thema Röhls, das Gleichgewicht von Körpern im Spannungsfeld zwischen Flächigkeit und dreidimensionalem Bildraum, sichtbar.

Abb. 2
Aktsaal der Hochschule für bildende
Kunst in Weimar, um 1912/13.
3. v. r. Karl Peter Röhl
(mit erhobenen Armen).
Foto KPRS Weimar.

Der erfolgreiche zweite Abschnitt von Röhls Ausbildung an der Kieler Handwerkerschule führt zur Vergabe eines Stipendiums des Kieler Prinzen Heinrich, das
ihm im Herbst 1912 den Wechsel an die Großherzoglich Sächsische Hochschule für
bildende Kunst in Weimar ermöglicht, wo er bis zu seiner Einberufung zum Militär
im Herbst 1914 studiert.[10] Hier ist er zunächst Schüler von Albin Egger-Lienz, der
ihm nach dem ersten Semester im März 1913 „außerordentliche Fortschritte" und
„zweifelloses Talent" bescheinigt.[11] Bereits im Dezember 1912 nimmt Röhl an der
„Weihnachtsausstellung von Werken Weimarischer Kunstmaler und Bildhauer" im
Großherzoglichen Museum für Kunst und Kunstgewerbe Weimar mit einem Ölgemälde *Parkteich im Frühling* teil,[12] und auch in der Weihnachtsausstellung des
Jahres 1913 ist er mit vier Landschafts- und Porträtzeichnungen vertreten.[13] Die
nunmehrige Beschränkung auf grafische Arbeiten dokumentiert den Wechsel in
die Klasse Walther Klemms, des Leiters der Grafischen Abteilung der Hochschule.
So sind aus dieser Zeit mit Ausnahme eines Gemäldes von 1914[14] ausschließlich
grafische Werke - Zeichnungen, Radierungen und Holzschnitte - Röhls erhalten.
Im Juni 1914 wird Röhl zum Meisterschüler von Walther Klemm ernannt, nachdem
ihm anläßlich einer Ausstellung von Schülerarbeiten das Diplom für Malerei, „die
höchste Auszeichnung, die die Hochschule vergeben konnte", verliehen worden
war.[15] Ebenfalls in diesem Jahr erwarb das Großherzogliche Museum Weimar unter
seinem damaligen Direktor Anton Mayer eine Reihe grafischer Arbeiten Röhls, die
1937 der Beschlagnahme-Aktion „Entartete Kunst" zum Opfer fielen, in Teilen jedoch 1957 an die Kunstsammlungen zu Weimar zurückgelangt sind.[16]

Von besonderer Bedeutung wird schließlich 1914 die Begegnung mit dem zwei
Jahre jüngeren Maler Johannes Molzahn, der nach „Wanderjahren" in der Schweiz
im Winter 1913/14 in seine Heimatstadt Weimar zurückgekehrt war. In der Schweiz
hatte Molzahn im Kreis um Hermann Huber und Otto Meyer-Amden verkehrt, wo
ihm mit pantheistisch-kosmischen Vorstellungen aus dem Umkreis der Lebensre-
formbewegung und der Auseinandersetzung mit dem italienischen Futurismus ent-

scheidende neue Anregungen vermittelt worden waren.[17] In Weimar wird Molzahn nun zum „Mittelpunkt eines Kreises von Kunstschülern wie Peter Roehl, denen ich von meinen Schweizer Erlebnissen berichtete und von den neuen Dingen, die ich dort sah. Wir bildeten eine kleine Arbeitsgruppe, die auch die Studenten der Akademie immer mehr erfaßte."[18] Eine Ausstellung neuer Arbeiten Molzahns, von Röhl 1914 in der Hochschule für bildende Kunst organisiert, muß jedoch aufgrund der Empörung des Lehrkörpers noch am selben Tag wieder geschlossen werden.[19]

Die Einberufung Röhls zum Militär im November 1914 beendet diese für ihn fruchtbare und erfolgreiche Zeit. Dem Ausbruch des Krieges steht er zwiespältig gegenüber, wie sein Kriegstagebuch von 1915 vermittelt. Neben einer - vergleichsweise verhaltenen - Heroisierung des Krieges als reinigender Elementargewalt, wie sie die allgemeine Stimmungslage der ersten Kriegsjahre kennzeichnet, begegnet der Krieg hier vor allem als elementare Bedrohung in der Schilderung des allgegenwärtigen Todes.[20] Nach einer kurzen Zeit als Infanterist an der russischen Front kommt Röhl bereits im Frühjahr 1915 aufgrund einer Herzschwäche ins Lazarett und ist daraufhin von September 1915 bis zum Frühjahr 1917 in Berlin stationiert, wo er die Möglichkeit hat, am Kunstgewerbemuseum, wiederum unter freier Betreuung durch Emil Rudolf Weiß, freischaffend zu arbeiten.[21]

Das Berlin der Kriegsjahre bietet Röhl vielfältige Anregungen aus dem Umkreis der Moderne, vor allem über die „Sturm"-Galerie Herwarth Waldens, in dessen Gästebuch er sich bereits 1915 einträgt, und durch die Bekanntschaft mit Emil Maetzel und Leo Kestenberg.[22] Aus dieser Zeit sind eine große Anzahl von Feder- und Pastellzeichnungen sowie einige Holzschnitte erhalten, die in Bildsprache und Thematik Einflüsse des Expressionismus erkennen lassen (Kat. 10-16).

Dem Schrecken des Krieges und den Zwängen der wilhelminischen Gesellschaftsordnung - zum Extrem gesteigert im Verlust der individuellen Freiheit und Selbstbestimmung als Soldat - werden vital-bewegte Akte in freier Natur gegenübergestellt, die als „Übermenschen" Nietzschescher Prägung über Gipfel schreiten oder als Gruppe im gemeinsamen sonnenanbeterischen Tanz erscheinen (Kat. 12).

Zentrales Moment aller Arbeiten ist das ekstatisch gesteigerte Bewegungsmotiv der Figuren, im Gegensatz zu den eher statischen Akten der Holzschnitte von 1914. Der Mensch wird in emphatischen Bezug zur Welt gesetzt, eingebunden in das Kraftfeld des Kosmos, in dem er sich in tänzerisch-raumgreifender Gebärde aufreckt, als bildhafter Ausdruck der Suche nach einem neuen Bezug zur Welt, einem „neuen Menschen".[23] Hier werden Vorstellungen aus dem Umkreis der Lebensreformbewegungen sichtbar - Zivilisationskritik, die den Menschen zurückführen will zu seinen Ursprüngen, zur Harmonie mit den Grundkräften des Kosmos -, die im Erlebnis des Krieges zunehmend revolutionäre Sprengkraft erhalten.

Die Berliner Zeit endet mit der Versetzung Röhls an die französische Front im März 1917. In Frankreich erlebt er das letzte Kriegsjahr und kehrt im November 1918 zunächst in seine Geburtsstadt Kiel zurück, wo mit dem Matrosenaufstand vom 3. November die Revolution ihren Ausgangspunkt genommen hatte. Hier trifft er auf Peter Drömmer und Werner Lange, die er noch aus der gemeinsamen Studienzeit an der Kieler Handwerkerschule bzw. der Weimarer Hochschule kennt,[24] und mit denen er sich zu einer Arbeitsgemeinschaft zusammenfindet, deren Zusammenhang auch nach der Übersiedlung Röhls nach Weimar aufrecht erhalten wird. So ist im Sonderheft der Dresdner Zeitschrift *Menschen* vom Juli 1919, das der von Drömmer und Lange im April 1919 mitbegründeten „Expressionistischen Arbeitsgemeinschaft Kiel" gewidmet ist, auch Karl Peter Röhl mit drei Arbeiten vertreten,[25]

Abb. 3
Karl Peter Röhl, Seite aus dem Gästebuch
von Alfred und Thekla Heß, März 1919,
Tusche/Papier.
Bauhaus-Archiv Berlin.

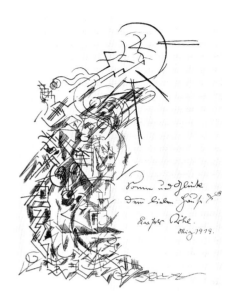

und noch im Herbst 1920 stellt er gemeinsam mit Drömmer und Lange in der Kieler Kunsthalle aus.[26]

Wichtiger wird für Röhl jedoch mit seiner Rückkehr nach Weimar im Januar 1919 der Kreis um Johannes Molzahn, der vor und neben dem Bauhaus eine rege Tätigkeit entfaltet. Kern der Gruppe sind Molzahn, Röhl und der Bildhauer Johannes Karl Herrmann, die bereits der erwähnten Arbeitsgemeinschaft von 1914 angehört hatten; zum weiteren Umkreis gehören u. a. Robert Michel, Ella Bergmann-Michel und Johannes Auerbach. Während Molzahn, der seit 1917 in Ausstellungen des „Sturm" vertreten ist, als freier Künstler in Weimar arbeitet, sind Röhl und Herrmann zunächst wieder Meisterschüler der Weimarer Hochschule für bildende Kunst, seit April 1919 dann Studierende des Bauhauses, das aus der Vereinigung der Hochschule mit der ehemaligen Großherzoglichen Kunstgewerbeschule hervorgeht. Noch vor Gründung des Bauhauses stellen die drei Künstler ihre neuen Arbeiten im März/April im Weimarer Museum für Kunst und Kunstgewerbe aus und rufen damit einen Entrüstungssturm der konservativen Kunstkritik Weimars hervor (Abb. 20).[27] Der gegenüber moderner Kunst aufgeschlossene Weimarer Museumsdirektor Wilhelm Koehler erwirbt Holzschnittfolgen Molzahns, Herrmanns und Röhls für die Weimarer Kunstsammlungen.[28] Auch das Angermuseum in Erfurt erwirbt unter der Leitung von Edwin Redslob 1919 eine Anzahl von grafischen Arbeiten Karl Peter Röhls, offenbar mit Unterstützung des Erfurter Kunstsammlers Alfred Heß, dem Mäzen des Angermuseums, in dessen Gästebuch Röhl sich im März 1919 einträgt (Abb. 3).[29] Redslob, seit 1920 Reichskunstwart in Berlin, fördert Röhl auch in den folgenden Jahren und erwirbt 1921 eine Reihe von Arbeiten Karl Peter Röhls für seine private Sammlung.[30]

Zum Kreis um Johannes Molzahn nimmt Walter Gropius bereits im Umfeld der Bauhausgründung Kontakt auf. Die Ideen von Gropius finden hier Gleichgesinnte, und in langen Diskussionen begeistern sie Gropius für die Künstler der „Sturm"-Galerie Herwarth Waldens, den sie von Weimar aus zu fördern suchen - nachweislich geht zumindest die Berufung Muches im Oktober 1919 auf die Fürsprache Molzahns zurück.[31] Gropius wiederum hängt die Arbeiten der Gruppe in die noch leeren Räume des Oberlichtsaals der Kunsthochschule, um seine Intentionen zu demonstrieren,[32] und hebt sowohl Herrmanns als auch Röhls Arbeiten anläßlich der ersten Schülerausstellung des Bauhauses im Juni 1919 lobend hervor.[33]

Röhls Arbeiten des Jahres 1919 sind im Kontext vor allem der Weimarer Molzahn-Gruppe entstanden. Entscheidende Wendung ist der Schritt in die Abstraktion, der bereits in den Ende März in Weimar ausgestellten Gemälden vollzogen ist, deren in rotierende Form-Wirbel zerlegte Kompositionen - im Katalog der Ausstellung nur mehr mit *Bild I*. etc. bezeichnet - deutlich den Einfluß des Futurismus erkennen lassen (Abb. 20). Weder diese noch andere Ölbilder der Jahre 1919 bis 1921 sind erhalten, so daß über diese Schaffensphase lediglich Arbeiten auf Papier genaueren Aufschluß geben.

Eine Folge großformatiger Tuschpinselzeichnungen aus der ersten Hälfte des Jahres 1919[34] demonstriert einen spezifischen Ansatz abstrakter Formfindung Röhls in einer spontan-gestischen Niederschrift von Form-Kürzeln (Kat. 19-25). Sind hier bereits Analogien zu kosmischen Zusammenhängen intendiert,[35] so verweisen die Sonnen und explodierenden Sterne einer Folge von Holzschnitten desselben Jahres noch deutlicher auf das Thema des Kosmos (Kat. 26-29), das zentrales Motiv auch der Arbeiten Johannes Molzahns der Jahre 1919 und 1920 ist. In

Molzahns *Manifest des absoluten Expressionismus,* 1919 im *Sturm* publiziert, wird in Sätzen wie „Auf Trümmern und Scherben bereiten WIR das Werk - kämpfend wollen wir unseren Weg in die Sterne treiben"[36] der revolutionäre Hintergrund der kosmischen Ikonographie Molzahns deutlich, der ebenso die Gedanken- und Bildwelt Röhls dieser Jahre kennzeichnet. Die von Röhl im Winter 1919 gestalteten Titelblätter der radikal-kommunistischen Erfurter Zeitschrift *Prolet* (Abb. 26) belegen seine politische Position, wenn er etwa zu der Zeichnung einer *Germania* schreibt: „Diese Germania, geschaffen von den Mehrheitssozialisten [...] Proleten!!! Revolutionäre - Schlagt diese Hure zusammen!"[37]

Die Hoffnung auf eine Erneuerung der Gesellschaft, wie sie ebenso das Bauhausmanifest vom April 1919 prägt, das zu einer Zusammenarbeit aller Künste am „neuen Bau der Zukunft" als „kristallenes Sinnbild eines neuen kommenden Glaubens" aufruft,[38] motiviert schließlich auch Röhls Engagement am frühen Bauhaus.

Hier ist er vom April 1919 bis zum Frühjahr 1921 als Schüler eingeschrieben. Rückblickend charakterisiert er diese Zeit als freischaffende Tätigkeit im Austausch mit Schülern und Meistern.[39] Das Fehlen der Schülerakte Röhls in den Unterlagen des Bauhauses erschwert eine genaue Bestimmung seiner Teilnahme an Unterricht und Werkstattarbeit; belegt ist lediglich die Zugehörigkeit zur Klasse Johannes Ittens im Wintersemester 1919.[40] Der Bericht einer Schülerin der Werkstatt für Wandmalerei über die Ausmalung der Bauhauskantine im Mai 1920, „von Peter Röhl entfesselt",[41] weist auf eine Beteiligung in dieser Werkstatt, entsprechend seiner handwerklichen Vorbildung als Dekorationsmaler; im Schaffen Röhls der 20er Jahre bleibt die Wandgestaltung ein wichtiger Bereich.

In dem im Aufbau begriffenen Bauhaus der ersten Jahre gehört Karl Peter Röhl als „Jungmeister"[42] zu den maßgeblichen Schülern. Dies zeigt sich besonders im schulinternen Wettbewerb zum Bauhaussignet vom Juni 1919, aus dem sein Entwurf als Sieger und offizielles Siegel bis 1921 hervorgeht (Abb. 25). Die erwähnte Schülerausstellung vom Juni 1919 führt zur Vergabe eines Stipendiums und eines schulischen Auftrags; im „Prellerhaus", einem Nebengebäude des Bauhauses, erhält er ein Atelier.[43] Sein sehr persönliches Verhältnis zu den Bauhausmeistern belegen neben der Ausmalung eines Raumes in der Wohnung von Gropius[44] ein im Nachlaß erhaltenes Gratulationsblatt von Johannes Itten (Abb. 24) und Briefe Lyonel Feiningers.[45] Eine besonders enge Freundschaft verbindet ihn mit dem Architekten Adolf Meyer, dem Mitarbeiter von Gropius und außerordentlichen Lehrer am Weimarer Bauhaus.

Im Januar 1920 heiratet Röhl seine erste Frau Alexandra (Alexa) Gutzeit, die ebenfalls Schülerin am Bauhaus ist. Die Hochzeit findet in Ostpreußen statt, wo der Vater Alexas ein Rittergut besitzt.[46] Dort wird auch der gemeinsame Sohn Tülö im Oktober 1920 geboren, und Röhl pendelt zunächst zwischen Ostpreußen und Weimar, wie ein im Nachlaß erhaltener Brief von 1921 illustriert (Abb. 6). Ausstellungen seiner Werke finden in diesen Jahren u. a. in der Galerie Hans Goltz in München, im Kunstverein Jena und im „Graphischen Kabinett Bruno Wollbrück" in Weimar statt. Die Arbeiten der Jahre 1920 und 1921 nehmen verschiedene Anregungen aus dem Umfeld des Bauhauses auf; deutlich werden vor allem Einflüsse aus dem Unterricht Johannes Ittens, wie auch die Nähe zu anderen Arbeiten aus dem Umkreis der Ittenschüler zeigt. Kennzeichnend sind Elemente aus der Kontrast- und Strukturlehre Ittens, etwa in einer Folge von Lithografien von 1920 (Kat. 36-38) oder in einer aquarellierten Federzeichnung desselben Jahres (Kat. 39). Neben den abstrakten Folgen entsteht eine große Anzahl figürlicher Zeich-

Abb. 6
Brief von Karl Peter Röhl an seine Frau
Alexa , nicht datiert (Anfang 1921).
KPRS Weimar.

nungen in flächig-frontalem Aufbau und ausgeprägten Schwarz-weiß-Kontrasten, die Anregungen afrikanischer Plastik aufnehmen, wie sie auch in den Masken zweier Holzschnitte von 1921 sichtbar werden (Kat. 45, 46).

Im Verlauf des Jahres 1920 zeichnet sich ein Konflikt Röhls, wie auch anderer Bauhausschüler der ersten Stunde, mit dem immer straffer werdenden Unterrichtsprogramm am Bauhaus ab, in dem die Sonderstellung der freikünstlerisch tätigen alten Meisterschüler zunehmend in Frage gestellt ist. Diese Situation führt schließlich zum Wechsel Röhls an die wiedererrichtete, traditionell-akademische Hochschule für bildende Kunst im Frühjahr 1921, wo er wieder Meisterschüler von Walther Klemm wird und bis zu seinem Weggang aus Weimar 1926 ein von der

Abb. 7
Bauhaus-Drachenfest,
Weimar um 1920/21.
Foto KPRS Weimar.

Abb. 8
Kongreß der Konstruktivisten und Dadaisten in Weimar, September 1922.
V. l. n. r.: obere Reihe: Max und Lotte Burchartz, Karl Peter Röhl, N.N.,
Lucia und László Moholy-Nagy, Alfréd Kemény; mittlere Reihe: Alexa Röhl,
El Lissitzky, Nelly und Theo van Doesburg, Bernhard Sturtzkopf;
untere Reihe: Werner Graeff, Nini Smith, Harry Scheibe,
Cornelis van Eesteren, Hans Richter, Tristan Tzara, Hans Arp.
Foto KPRS Weimar.

Hochschule finanziertes Atelier innehat.[47] Dieser Wechsel ist jedoch nur formaler Natur und entspricht keiner inhaltlichen Übereinstimmung mit den Zielsetzungen der konservativen Hochschule; vielmehr schließt Röhl sich in den Jahren seit 1921 dem internationalen Konstruktivismus an.

Weicht der expressiv-bewegte Bildraum der früheren Arbeiten bereits 1920 in einer Reihe von Federzeichnungen einem konstruktiveren Bildgefüge (Kat. 41, 42), so entsteht 1921 eine Folge mit Lineal und Zirkel konstruierter Blätter, die aus der Auseinandersetzung mit dem Werk Lyonel Feiningers hervorgegangen sind (Kat. 49, 50).[48] Derart kündigt sich um 1921 eine Stilwende im Schaffen Röhls an, die im gleichen Jahr durch den Kontakt zu Theo van Doesburg in Arbeiten im Sinne der holländischen „Stijl"-Bewegung zu radikaler Konsequenz geführt wird (Kat. 60-65).[49]

In den folgenden Jahren wird Röhl zu einem engagierten Propagandisten der Prinzipien des „Stijl", die er in Vorträgen und Kursen, die van Doesburg im Frühjahr 1922 in Röhls Weimarer Atelier abhält, kennenlernt.[50] Als Mitglied der „Stijl-Gruppe Weimar" werden seine Arbeiten in den von van Doesburg herausgegebenen Zeitschriften De Stijl und Mécano publiziert; Ausstellungen in Weimar, Berlin und Düsseldorf präsentieren seine neuen Arbeiten. Über die Kontakte Doesburgs zur internationalen konstruktivistischen Szene - so publizierte Doesburg beispielsweise den Bilderzyklus El Lissitzkys Von zwei Quadraten in einem Sonderheft von De Stijl [51] - nimmt Röhl Anregungen auch aus dem Umkreis des russischen Konstruktivismus auf und kombiniert in seinen Arbeiten Elemente beider Stilrichtungen. Daneben erfolgt früh eine Umsetzung der neuen Gestaltungsprinzipien auch im architektonischen Bereich; so in der Wandgestaltung des Weimarer Residenztheaters 1921[52] und in einem im Foto erhaltenen Architekturmodell Röhls (Abb. 37-39).

Der „Internationale Kongreß fortschrittlicher Künstler" im Vorfeld der Düsseldorfer „I. Internationalen Kunstausstellung" im Mai/Juli 1922, an der auch Röhl mit zwei Holzschnitten teilnimmt,[53] führt zu einer Abspaltung der Gruppen der Konstruktivisten und Dadaisten und zu einem „Gegenkongreß" in Weimar im Herbst 1922.[54] Ein Gruppenfoto zeigt Alexa und Karl Peter Röhl neben Theo van Doesburg, El Lissitzky, László Moholy-Nagy, Werner Graeff, Cornelis van Eesteren, Hans Richter, Tristan Tzara, Hans Arp u. a. (Abb. 8); Kurt Schwitters, auf dem Foto nicht dabei, ist ebenfalls an dem Treffen beteiligt.

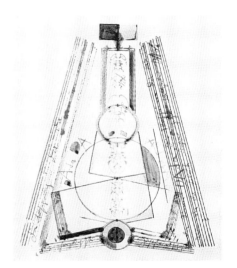

In diesem Umfeld erfährt Röhl zahlreiche befruchtende Impulse. Angeregt u.a. durch die abstrakten Filmexperimente von Hans Richter und Viking Eggeling entwickelt er seit 1922 die wichtige Werkgruppe abstrakter Zeichenfolgen[55] und die *Partituren*, in denen die Bewegungsabläufe abstrakter Zeichen und Strukturen der genannten Filme innerhalb eines Blattes umgesetzt werden (Kat. 51, 52). Überlegungen zur Synästhesie, vor allem zu Korrespondenzen zwischen Musik und bildender Kunst, nahmen in der zeitgenössischen abstrakten Kunst breiten Raum ein und spielten sowohl am frühen Bauhaus als auch in der „Stijl"-Bewegung eine wichtige Rolle.[56]

In angewandter Form fließen die konstruktivistischen Arbeiten Röhls in seine typografischen und werbegrafischen Entwürfe ein, die seit 1923 nachweisbar sind. Neben Eigenreklame-Gestaltungen finden sich Arbeiten für verschiedene Weimarer Firmen, vom Entwurf eines Signets bis hin zur Gestaltung der Firmenunterlagen (Kat. 66-72). Röhl nimmt hier Anregungen El Lissitzkys und Theo van Doesburgs auf, die auch die sich seit 1923 unter László Moholy-Nagy herausbildende Bauhaus-Typografie beeinflußt haben. Wie diese kennzeichnet die Arbeiten Röhls die Verwendung unterschiedlich breiter Balken zur Gliederung der Fläche und Akzentuierung einzelner Textteile, die Anordnung der Schrift zu Blöcken, die ausschließliche Verwendung von Versalien, die Signalfunktion einzelner großer Buchstaben und der bevorzugte Einsatz von Rot als Zweitfarbe nach Schwarz.[57] Ein wesentliches Element der „neuen Typografie", die Verwendung serifenloser Schrift, ist jedoch in Röhls Arbeiten nicht übernommen, die damit einen deutlich konventionelleren Charakter erhalten.

Mit Kurt Schwitters, den er 1919 über Johannes Molzahn kennengelernt hat, verbindet Röhl ein freundschaftliches Verhältnis. Schwitters und Theo van Doesburg veranstalten während des Weimarer Konstruktivisten-Kongresses Dada-Abende in Jena und Weimar, am Klavier begleitet von Doesburgs Frau Nelly (Petro) van Doesburg (Abb. 9), an denen auch Röhl vom Publikum aus lauthals teilnimmt. Wenige Tage später begleitet er die Dadaisten-Gruppe nach Hannover und trägt sich dort im Gästebuch der mit Schwitters befreundeten Käthe Steinitz ein (Abb. 10). Eine Postkarte von Schwitters und Käthe Steinitz im Zusammenhang mit der Gestaltung des Kinderbuchs *Hahnepeter* 1924[58] dokumentiert den fortgesetzten Kontakt, und in der 1924/25 entstandenen *Merfüsermär* Kurt Schwitters', einer Märchencollage aus teils realen Personen und Geschehnissen, erscheint Röhl als den „Wind abhobelnder" Dadaist und Konstruktivist.[59]

Nach dem Wegzug van Doesburgs aus Weimar 1923 setzt Röhl seine Arbeit im Sinne von „Stijl" und Konstruktivismus fort. Daneben entstehen seit 1925/26 aber auch wieder figürliche Arbeiten und Landschaftsgemälde, die in postimpressionistischer Prägung an Werke Alexander von Szpingers oder Christian Rohlfs' aus der Weimarer Malerschule erinnern.

Hier zeichnet sich eine weitere Umbruchsphase im Werk Röhls ab, die einher-geht mit einer privaten Neuorientierung. Im Juli 1925 wird, nach einer längeren Trennungszeit, die Ehe mit Alexa Röhl geschieden, die das Sorgerecht für den fünf-jährigen Sohn erhält. Im November 1925 heiratet Röhl seine zweite Frau Käthe, geb. Möbius; 1926 wird die Tochter Marinaua Röhl geboren. Die Wiederaufnahme „verkäuflicherer" Malerei mag auch auf die veränderten familiären Umstände zurückzuführen sein. So nimmt Röhl 1926 im Kreis der konservativen Weimarer Künstlerschaft an der „5. Thüringer Kunstausstellung" teil, deren Plakat er eben-falls gestaltet (Kat. 69).[60]

Im November 1926 folgt Röhl einem Ruf an die Frankfurter Kunstschule, die, ähnlich dem Bauhaus, eine Verbindung von Kunstgewerbeschule und Kunsthoch-schule darstellt.[61] Gleichfalls wechseln die ehemaligen Werkmeister des Weimarer Bauhauses Dell und Hartwig sowie Adolf Meyer als Leiter der Klasse für Hochbau an die Frankfurter Schule. Hier wird Röhl Leiter einer Vorklasse und entwickelt, zum Teil aufbauend auf den Unterricht Johannes Ittens, eine „Vorschule der Kunst".[62] In der Architekturklasse Adolf Meyers lehrt er zusätzlich „Zeichnerische Darstellung" und „Farbige Raumgestaltung" und gestaltet in Zusammenarbeit mit Schülern die Ausmalung des von Meyer um 1926/27 erbauten Jugendheims Westend.[63] Zum Kollegium gehören u. a. Max Beckmann, Willi Baumeister und Richard Scheibe. Mit den beiden letzteren verbindet Röhl ein freundschaftliches Verhältnis; zusammen mit Baumeister und Hartwig macht er 1929 eine Studien-reise nach Paris.

Im Rahmen der Ausgestaltung der Frankfurter Friedenskirche, einer Gemein-schaftsarbeit der Frankfurter Kunstschule, entwirft Röhl 1927 die Fenster der Kir-che in abstrakten, am „Stijl" orientierten Kompositionen, die in ihrer Farbensym-bolik christliche Motive aufnehmen.[64]

Als zentrale Werkgruppe des Jahres 1926 entstehen die *Große* und die *Kleine Frankfurter Folge*, Serien abstrakter Zeichen, die Motive verwandter Arbeiten seit 1922 aufnehmen, diese nun jedoch in der systematischen Variation weniger Grund-elemente zu einer Art „Alphabet" ausbauen (Kat. 77-86), und die 1927 in der „In-ternationalen Frankfurter Musikausstellung" gezeigt werden. Diese von Röhl als „meine Zeichensprache" charakterisierten Folgen[65] weisen auf eine Auseinander-setzung mit Bilderschriften und Zeichensystemen, wie sie bereits in Arbeiten des Jahres 1919 und 1920 sichtbar werden. Auch jetzt nimmt Röhl Elemente des Ru-nen-Alphabets auf, die er mit Motiven des chinesischen *I Ging* kombiniert.[66] Vor al-lem aber gehen diese Zeichenfolgen auf Anregungen aus den abstrakten Filmen Viking Eggelings und Hans Richters zurück, die bereits die *Partituren* Röhls seit 1922 entstehen ließen.[67] In Analogie zum kontrapunktischen Kompositionsprinzip der Musik entwickeln diese als *Fuge* oder *Symphonie* betitelten Filme eine rhythmi-sche Abfolge abstrakter Zeichen, von Hans Richter 1921 bezeichnet als ein „Alphabet" von Formen, deren „Größen, Lagen, Zahlenverhältnisse" sich verän-dern „je nach der Struktur des Satzbaues"[68] - eine Beschreibung, die ebenso auf die Zeichenfolgen Röhls zutrifft.

Die um 1926 entworfenen Piktogramme Karl Peter Röhls setzen in angewandter Form diese Überlegungen fort in der Variation weniger Grundelemente zu einer Signaletikettierung für das Frankfurter Gesundheitswesen.[69]

Die genannten Werkgruppen stellen gleichzeitig einen Höhe- und vorläufigen Schlußpunkt von Röhls konstruktiver Phase dar. Bis zum Ende des Zweiten Welt-kriegs sind im folgenden nur mehr Landschafts- und figurale Motive überliefert.[70]

Mit diesen Arbeiten ist Röhl wiederum in verschiedenen Ausstellungen vertreten, etwa 1929 und 1930 in *Kunstblatt*-Ausstellungen in Berlin, organisiert von Paul Westheim, der Röhl auch in seiner gleichnamigen Zeitschrift vorstellt.[71] Diese Stilwende resultiert offenbar aus einer kritischen Neubewertung seiner konstruktivistischen Werkphase, die 1929 und 1931 sogar zu einer Übermalung von „Stijl"-Gemälden mit gegenständlichen Darstellungen führt.[72]

Insgesamt findet in diesen Jahren ein zunehmender Rückzug in das private Umfeld der Familie, die in Kronberg im Taunus lebt, statt. Dem Nationalsozialismus begegnet Röhl zunächst positiv und wird bereits 1933 Mitglied der NSDAP.[73] Schwärmerische Gedichte in seinem Nachlaß belegen - letztlich in Fortsetzung seiner Ideale von 1919 - seinen Glauben an eine mystisch-volksvereinende Kraft dieser Bewegung.[74] Die eigentlichen, realpolitischen Aspekte der Zeit finden dagegen keinerlei Reflektion in den überlieferten Schriftzeugnissen des im Grunde unpolitischen Röhl. So - politisch wie künstlerisch angepaßt - kann er sich bis 1942 an der Frankfurter Schule halten, wird dann jedoch entlassen und 1943 zum Kriegsdienst eingezogen.[75]

In Frankreich gerät Röhl um 1944 in Kriegsgefangenschaft, die er bis zu seiner Entlassung 1946 in einem Lager bei Marseille verbringt. Zahlreiche Briefe und Zeichnungen sind von ihm aus dieser Zeit erhalten. Sie zeigen den Beginn einer erneuten künstlerischen Umorientierung im Rückgriff auf die Motive seiner abstrakten Werke um 1920; in der folgenden Werkphase der 50er und 60er Jahre nehmen abstrakte Arbeiten wieder einen breiten Raum ein.

Im Juni 1946 kehrt Röhl aus der Gefangenschaft in seine Heimatstadt Kiel zurück, wohin Frau und Tochter bereits im Krieg gezogen waren. Im Vorwort einer Ausstellung schreibt er 1947: „Wir leben in einer Zeit des inneren Besinnens, und der Künstler kann wieder begeistert seiner Freiheit Ausdruck geben, um in neuen Schöpfungen Werte der Zukunft vorzubereiten."[76] Diese Aufbruchstimmung, vergleichbar mit der Zeit nach dem Ersten Weltkrieg, dokumentiert sich auch in Röhls Engagement am Wiederaufbau Kiels als Mitglied des künstlerischen Aufbaurats. Vor allem der Kieler Bürgermeister Andreas Gayk trägt zahlreiche ehrenamtliche Aufgaben an ihn heran.[77] In den Jahren 1947 bis 1950 ist Röhl in einer Vielzahl von Ausstellungen in Kiel vertreten. 1952 und 1956 erhält er erneut Gelegenheit zur Gestaltung von Glasfenstern in Aufträgen der Stadt Kiel für das Krematorium am Eichhof und für die Kapelle des Nordfriedhofs.[78]

Mit der Konsolidierung der Nachkriegsgesellschaft in den 50er Jahren wird es ruhiger um Karl Peter Röhl, der - nach zeitgenössischen Berichten offenbar auch in der Folge seiner politischen Gesinnung im Dritten Reich - in der Kunstszene keinen rechten Fuß fassen kann. Nach einer Zeit als Kunstlehrer an der Kieler Goetheschule von 1952 bis 1955 zieht sich Röhl 65jährig endgültig ins Privatleben zurück. Den Lebensunterhalt der Familie sichert der „Kinderkunstkreis" seiner Tochter Marinaua, an dem auch Röhl sich gelegentlich beteiligt. In ungemindertem Schaffensdrang entsteht in diesen Jahren ein umfangreiches Alterswerk, das in oft gelungener Synthese zentrale künstlerische Anliegen Röhls der zwanziger Jahre mit neuen Anregungen etwa aus der Naturwissenschaft verbindet. Als Beispiel sei die Werkgruppe der *Polare* genannt, in denen auf kreisrundem Millimeterpapier (eigentlich Meßblätter für Wetterballons) Versuche der Aufzeichnung sowohl seelischer als auch universeller Energieströme wie auch die Auseinandersetzung mit Zeichensystemen wiederbegegnen.

Das Motiv der Serie ist charakteristisch für die Arbeiten seit 1945; in unzähligen Variationen lotet Röhl die Möglichkeiten verschiedener thematischer und formaler Motivreihen aus. Neben den genannten *Polaren* sind dies u. a. die *Partituren* in Wiederaufnahme der Motive von 1922, die *Steinbilder*, in denen er, ausgehend von am Strand gesammelten Steinen, figurale Assoziationen entwickelt, die an chinesischer Kalligrafie orientierten Folgen von Schriftzeichen oder die *Lackbilder* der 60er Jahre mit ihren aufgetropften Farbvariationen. Charakteristische Stilmittel der 50er und 60er Jahre werden dabei ebenso aufgenommen, wie eine verwandte Formensprache im Rückgriff auf die eigenen Arbeiten der klassischen Moderne entwickelt wird.

Nach Einzelausstellungen seiner Arbeiten in der Kieler Kunsthalle 1961 und im Landesmuseum Schloß Gottorf in Schleswig 1965 erhält Röhl 1968 den Kunstpreis des Landes Schleswig-Holstein (Abb. 12). In den folgenden Jahren entstehen kaum noch neue Arbeiten. Am 25. November 1975 stirbt Karl Peter Röhl in Kiel.

---

1 Abschrift der Geburtsurkunde Karl Peter Röhls und der Heiratsurkunde seiner Eltern im Nachlaß; KPRS Weimar.

2 Auskunft von Marinaua Röhl, Tochter Karl Peter Röhls, an die Verfasserin. Eine Porträtzeichnung Röhls von 1910 ist betitelt *Meine Schwester* (KPRS Weimar); von seinem Bruder Friedrich Röhl ist nur bekannt, daß er ebenfalls Schüler an der Handwerkerschule Kiel war.

3 Lehre bei dem Kieler Malermeister Fr. Wrede, Lehrvertrag vom 3.5.1906, KPRS Weimar; nach eigenen Angaben schloß er die Lehre 1909 mit Auszeichnung ab, vgl. auch Kat. Röhl 1979, S. 82; entsprechend wird Röhl im Jahresbericht der Kieler Handwerkerschule im Dezember 1909 nunmehr als Maler geführt (Stadtarchiv Kiel, vgl. Anm. 4).

4 Zur Städtischen Handwerkerschule Kiel vgl.: Jan S. Kunstreich, 75 Jahre Kieler Kunstschule. Ein historischer Rückblick, Kiel 1982. Da die Unterlagen der Schule im 2. Weltkrieg vernichtet worden sind, muß sich die Dokumentation von Röhls dortiger Ausbildung auf seine Angaben und die Jahresberichte der Handwerkerschule im Stadtarchiv Kiel stützen. Der Jahresbericht von 1912/13 verzeichnet Röhl als Schüler von 1908-1912. Nach eigenen Angaben erhielt er noch vor Ende seiner Lehrzeit die Möglichkeit zu einem Vollstudium an der Handwerkerschule. Er konnte daraufhin im Winterhalbjahr ganztägig die Schule besuchen und nur im Sommerhalbjahr neben Abendkursen die Lehre weiterführen; Eckhard Gerke, Werkstattbesuche bei

dem Maler Peter Röhl, Examensarbeit PH Kiel, Kiel 1969, S. 9. Daneben haben sich zwei Abschlußzeugnisse für die Wintersemester 1909/10 und 1911/12 erhalten; KPRS Weimar.

5 Zur Dauer des Studiums in Kiel und Berlin hat Röhl unterschiedliche und teilweise falsche Aussagen gemacht, denen zufolge in der Literatur das Studium Röhls in Berlin auf den Zeitraum von 1909-1911 bzw. 1912 ausgedehnt wird. Aus den Unterlagen der Berliner Kunstgewerbeschule (Archiv der Hochschule der Künste, Berlin) geht jedoch hervor, daß er hier nur das Wintersemester 1910/11 verbrachte, und ein Zeugnis für das Winterhalbjahr 1911/12 der Kieler Schule (KPRS Weimar) wie auch die Jahresberichte der Schule belegen sein weiteres dortiges Studium bis einschließlich des Sommerhalbjahrs 1912.

6 Angaben Röhls nach Gerke, a.a.O. (siehe Anm. 4), S. 9. Zur Kunstgewerbeschule vgl. auch: Dorotheus Rothkirch, Die Geschichte der Unterrichtsanstalt des Deutschen Gewerbe-Museums Berlin (1897-1924), in: Werkbund-Archiv (Hrsg.), Packeis und Pressglas. Von der Kunstgewerbe-Bewegung zum Deutschen Werkbund, Gießen 1987, S. 273-277.

7 „Durch Professor Gehri kam ich zuerst in Berührung mit der Kunst der Chinesen und Japaner - Se Shu und anderen - ihren Tuschemalereien und großartigen Landschaftsmalerei-Rollen im Ostasiatischen Museum in Berlin. Ich wurde ein großer Verehrer der ostasiatischen Kunst." Karl Pe-

ter Röhl, selbstverfaßter Lebenslauf, o. J., KPRS Weimar. Auch Emil Orlik, seit 1905 Professor an der Berliner Kunstgewerbeschule, beschäftigte sich intensiv mit der Kunst Ostasiens, die er mit Elementen des Wiener Sezessionsstils verband. Es ist anzunehmen, daß Röhl Orliks Arbeiten damals kennenlernte; im Nachlaß Röhls erhaltene Buchgestaltungen Orliks zu Werken von Lafcadio Hearn, erschienen in Frankfurt/M. 1922, zeugen zumindest von späterer Wertschätzung. Die Beschäftigung mit ostasiatischer Kunst blieb wichtiges Element seines gesamten künstlerischen Schaffens und dokumentiert sich in zahlreichen Büchern aus allen Lebensphasen im Nachlaß Röhls.

8 Erhalten sind Empfehlungsschreiben zur Stipendienvergabe von Hermann Gehri, in dem er Röhl als einen seiner eifrigsten und begabtesten Schüler bezeichnet, der „in zahlreichen privaten Entwürfen eine vortreffliche, eigenartige Begabung" gezeigt habe, und von E. R. Weiß, der bestätigt, daß er sich Röhls Arbeiten regelmäßig habe zeigen lassen, da er sie für sehr talentvoll und zukunftsreich halte; KPRS Weimar.

9 Führer in der Landesbibliothek Kiel. Die Jahresberichte der Kieler Handwerkerschule verzeichnen daneben u. a. 1. Preise für eine Aktdarstellung und eine figürliche Wandfriesgestaltung sowie einen 2. Preis für die Gestaltung einer *Ehrenurkunde für Volks- und Jugendspiele*. Im Jahresbericht 1911/12 ist der Entwurf Röhls für einen Uhrenständer aus dem Unterricht Jochems abgebildet, der in der Kombination von vegetativen Elementen und monumental aufgefaßten Figuren deutliche Einflüsse der Darmstädter Schule aufweist; Jahresberichte im Stadtarchiv Kiel.

10 Stipendiumvergabe nach Aussage Röhls, Lebenslauf, o. J., KPRS Weimar; aus der gesamten Studienzeit in Weimar sind Empfehlungen seiner Lehrer zur Stipendienvergabe erhalten; KPRS Weimar.

11 Empfehlungsschreiben vom 6.3.1913, KPRS Weimar.

12 Weihnachtsausstellung von Werken Weimarischer Kunstmaler und Bildhauer, Ausst. Kat., Weimar 1912, Kat. Nr. 29; KuSa Weimar. Aus der Zeit vor 1914 sind weder das ausgestellte Bild noch andere Gemälde Karl Peter Röhls erhalten.

13 Weihnachtsausstellung von Werken Weimarischer Kunstmaler und Bildhauer, Ausst. Kat., Weimar 1913, Kat. Nr. 72-75; KuSa Weimar.

14 Privatbesitz Kiel; hier werden Einflüsse der neueren Kunst in expressivem Gestus und Farbgebung deutlicher sichtbar als in den grafischen Arbeiten dieser Jahre.

15 Zeugnis der Staatlichen Hochschule für bildende Kunst, Weimar, vom 17.12.1926; KPRS Weimar.

16 Anhand der Beschlagnahme-Liste (Archiv KuSa Weimar, Nr. L. 10) läßt sich der Ankauf von 10 Holzschnitten von 1914, alle bez. *Akt*, und von 3 Radierungen von 1914, bez. *Baum, Sommer* und *Alter Baum*, rekonstruieren; von diesen Arbeiten sind fünf Holzschnitte 1957 zurück an die Kunstsammlungen gelangt (Inv. Nr. DK 28/79 - 32/79); zwei Landschaftszeichnungen von 1909 und 1911 (Inv. Nr. KK 10255 und KK 10262), ebenfalls 1914 erworben, waren 1937 im Museum belassen worden.

17 Johannes Molzahn. Das malerische Werk, Ausst. Kat. Wilhelm-Lehmbruck-Museum der Stadt Duisburg, Duisburg 1988, S. 14. Nach eigener Einschätzung hat Otto Meyer-Amden Molzahns „künstlerische Wurzeln wohl am tiefsten" berührt; ebda., S. 11. Im Bergdorf Amden, wo Molzahn 1913 und 1914 jeweils einige Monate lebte, begegnete er u. a. den ehemaligen Mitstudenten Meyer-Amdens aus dessen Studienzeit bei Adolf Hölzel in Stuttgart Johannes Itten, Willi Baumeister und Oskar Schlemmer; vgl. hierzu: Otto Meyer-Amden. Begegnungen mit Oskar Schlemmer, Willi Baumeister, Hermann Huber und anderen Künstlern, Ausst. Kat., Bern 1985.

18 Kat. Molzahn, a.a.O. (siehe Anm. 17), S. 14, 18; zum Ehrenmitglied ihrer Gruppe wählten sie - ohne dessen Wissen - Lyonel Feininger.

19 Kat. Röhl 1975, S. 5.

20 So schreibt Röhl etwa unter dem Titel „März 1915": „Das Totenhemd hat sich über das Feld der Schlacht hingebettet. / Still ohne Laut ist er über Nacht gefallen. Schnee. / Männer, Jünglinge liegen dahingestreckt, / Gestern noch tapfer gestritten, / [...] Voll Schmerz winden sich Gespensterbäume im Gelände. / Die herrliche Sonn' bräunt die erfrorenen Glieder,/ [...]"; KPRS Weimar.

21 Die Angaben zum Militärdienst Röhls entstammen einer Abschrift seines Militärpasses;

KPRS Weimar. Nach eigenen Angaben hatte er im Heimaturlaub einen kunstbegeisterten Hauptmann kennengelernt, der veranlaßte, daß Röhl seiner Einheit in Berlin unterstellt wurde, um ihm dort eine Sonderstellung mit nur zeitweiliger Anwesenheitspflicht bei der Truppe einzuräumen. Diese Konstruktion sei jedoch 1917 durch eine Ungeschicklichkeit seinerseits aufgefallen, woraufhin er an die französische Front versetzt worden sei; Gerke, a.a.O. (siehe Anm. 4), S. 12 f. Entsprechend verzeichnet der Militärpaß zwischen dem 16.3.1917 und der Kapitulation Deutschlands am 11.11.1918 eine Vielzahl von Gefechtsbeteiligungen an der französischen „Siegfriedfront".

22 Gästebuch des „Sturm"; Staatsbibliothek Berlin. Die Angaben zur Bekanntschaft mit Kestenberg und Maetzel entstammen einem undatierten Lebenslauf Röhls; KPRS Weimar. Auch ein Brief des Sohnes Wolf-Bogumil Maetzel an Röhl vom 25.11.1956 (ebda.) belegt einen engen Kontakt in der Berliner Zeit. Emil Maetzel war Architekt und Maler und 1919 Mitbegründer der Hamburgischen Sezession, Leo Kestenberg Pianist und Schüler Busonis, nach dem Ersten Weltkrieg sozialdemokratischer Kulturpolitiker.

23 Vgl. zu diesen Arbeiten auch den Katalogbeitrag „Karl Peter Röhl in Weimar 1919-1921".

24 Lange (1907-1909) und Drömmer (1907-1912) waren ebenfalls Schüler der Kieler Handwerkerschule; Peter Drömmer auch der Weimarer Hochschule für bildende Kunst von 1912-13, wo er zusammen mit Röhl Schüler von Egger-Lienz war. Der Kontakt zu Drömmer blieb auch während des Krieges bestehen, wie ein Gedicht im Kriegstagebuch Röhls vom Frühjahr 1915 *An meinen Freund Peter Drömmer* zeigt; KPRS Weimar.

25 Menschen. Buchfolge neuer Kunst, 2. Jg., Heft 50/53, 20. und 27. Juli 1919 (Sonderheft Expressionistische Arbeitsgemeinschaft Kiel), S. 23-25. Zur „Expressionistischen Arbeitsgemeinschaft Kiel" vgl.: Kunstwende. Der Kieler Impuls des Expressionismus 1915-1922, Ausst. Kat. Stadtgalerie im Sophienhof Kiel, Neumünster 1992.

26 Röhl beteiligte sich mit 9 Ölgemälden und 6 Lithografien (im Faltblatt der Ausstellung nicht näher bezeichnet); Sonderausstellung Peter Drömmer, Werner Lange, Karl Peter Röhl, Faltblatt zur Ausstellung, Kiel 1920, Abb. in: Friedrich Peter Drömmer (1889-1968). Kieler Künstler im Aufbruch und Umbruch nach dem Ersten Weltkrieg. Aspekte der Zwanziger Jahre, Ausst. Kat., Kulturamt der Stadt Kiel o.J. (1980), S. 18 f. Die Titelseite des Faltblattes ist Karl Peter Röhl zuzuschreiben und weist eine besondere Nähe zu dem Formenbestand seiner Lithografien von 1920 auf.

27 Ausstellung „Gemälde und Skulpturen Weimarischer Künstler. Gruppe II" vom 20. März bis Ende April; Ausstellungskatalog Archiv KuSa Weimar, 40/Presse 1919-1935.

28 Von Karl Peter Röhl wird eine Folge von 13 Kompositionen erworben; Inventarband II., Graphik 1912-28, KuSa Weimar. 1937 als „entartete Kunst" beschlagnahmt und seitdem verschollen; Archiv KuSa Weimar, Nr. L. 10.

29 Das Angermuseum Erfurt erwarb acht Arbei-

ten Karl Peter Röhls (1 Aquarell, 3 Pinselzeichnungen und 1 Holzschnitt aus dem Jahr 1919, 3 Holzschnitte von 1916). Seit der Beschlagnahme-Aktion von 1937 verschollen.

30 Vgl. den Katalogbeitrag „Karl Peter Röhl in Weimar 1919-1921".

31 Walter Gropius in einem Brief an Georg Muche vom 29.10.1919: „[...] durch Herrn Molzahn höre ich, daß Sie geneigt wären nach Weimar zu kommen [...]"; abgedruckt in: Georg Muche, Blickpunkt. Sturm Dada Bauhaus Gegenwart, Tübingen 1965, S. 169.

32 Nach Angaben Robert Michels, zit. in: Herta Wescher, Weimarer Maler in der Vor- und Frühzeit des Bauhauses, in: Eckhard Neumann (Hrsg.), Bauhaus und Bauhäusler. Erinnerungen und Bekenntnisse, erweiterte Neuausgabe, Köln 1985, S. 112 f.

33 ThHStAW, Nr. 132, Bl. 6.

34 Drei der Arbeiten sind bereits im erwähnten Sonderheft der Zeitschrift *Menschen* vom Juli 1919 abgebildet, vgl. Anm. 25.

35 Vgl. dazu den Katalogbeitrag „Karl Peter Röhl in Weimar 1919-1921".

36 Der Sturm, 10. Jg., 6. Heft (September 1919), S. 90-92.

37 Prolet. Halbmonatsschrift für proletarische Kultur, 1. Jg., 1919, Heft 1-3 (Titelblatt); 2. Jg., 1920, Heft 5, S. 8.

38 Walter Gropius, Manifest und Programm des Staatlichen Bauhauses, April 1919, Bauhaus-Archiv Berlin; Abdruck in: Das frühe Bauhaus und Johannes Itten, Ausst. Kat. Kunstsammlungen zu Weimar u.a.O., Ostfildern-Ruit 1994, S. 10-12.

39 Abschrift eines Briefes von Karl Peter Röhl an Wulf Herzogenrath vom 18.9.1967; KPRS Weimar.

40 ThHStAW, Nr. 132, Bll. 160, 161, 164.

41 Lou Scheper, Rückschau, in: Eckhard Neumann, a.a.O. (siehe Anm. 32), S. 177.

42 Analog zum Meisterschüler der alten Akademie, nicht zu verwechseln mit den Lehrfunktionen ausübenden Jungmeistern des Dessauer Bauhauses.

43 ThHStAW, Nr. 132, Bl. 12 ff.

44 Erwähnt von Hinnerk Scheper im Oktober 1922; ThHStAW, Nr. 12, Bl. 208.

45 Abb. in: Lyonel Feininger 1871-1956, Ausst. Kat. Galerie Gmurzynska, Köln 1989, S. 32-37.

46 Heiratsurkunde vom 26.1.1920, Trauzeuge war Werner Gilles; KPRS Weimar.

47 ThHStAW, Nr. 18, Bl. 23.

48 Karl Peter Röhl, in: Theo van Doesburg und meine Beziehungen zum Styl, undatiertes Manuskript (um 1959); KPRS Weimar; vgl. auch: Kat. Röhl 1990, S. 21.

49 Vgl. den Katalogbeitrag „Karl Peter Röhl und De Stijl in Weimar".

50 Die Kurse fanden vom 8. März bis 8. Juli 1922 in Röhls Atelier in der Buchfarter Str. 12 statt; vgl. hierzu: Konstruktivistische Internationale Schöpferische Arbeitsgemeinschaft 1922-1927. Utopien für eine europäische Kultur, Ausst. Kat. Kunstsammlung Nordrhein-Westfalen, Düsseldorf / Staatliche Galerie Moritzburg, Halle, Ostfildern-Ruit 1992, S. 170 f.

51 De Stijl, 5. Jg., 1922, Heft 10/11. Von dem

spielerischen Umgang dieser Zeichnungen mit konstruktivistischen Elementen scheint Röhl besonders angeregt.

52 Vgl. den Katalogbeitrag „Karl Peter Röhl und De Stijl in Weimar". Nach eigenen Angaben konnte Röhl 1925 das Kinderheim Stelzen im Voigtland nach Prinzipien des „Stijl" ausmalen; drei Postkarten an Käthe Möbius aus Stelzen datieren diesen Auftrag in den Juli 1925; KPRS Weimar.

53 Vgl. auch: Konstruktivistische Internationale Schöpferische Arbeitsgemeinschaft, a.a.O. (siehe Anm. 50), S. 29, Abb. S. 38.

54 Am 25.9.1922; vgl. hierzu: Konstruktivistische Internationale Schöpferische Arbeitsgemeinschaft, a.a.O. (siehe Anm. 50), S. 62 ff.

55 Vgl. Anm. 67.

56 Vgl. hierzu: Karin von Maur (Hrsg.), Vom Klang der Bilder. Die Musik in der Kunst des 20. Jahrhunderts, Ausst. Kat. Staatsgalerie Stuttgart, München 1985. Eine Entwicklung von „visuellen Partituren" erfolgte am frühen Bauhaus im Zusammenhang mit der Choreografie von Bühnenwerken etwa Lothar Schreyers, Oskar Schlemmers oder Ludwig Hirschfeld-Macks. Während hier jedoch konkrete Anweisungen für Spiel-Abläufe visualisiert werden, sind die *Partituren* Röhls an keine unmittelbare Umsetzung gebunden und lassen sich damit den genannten abstrakten Filmen vergleichen, deren bildnerische Vorstudien ebenfalls „Partituren" genannt wurden. Wie diese wollen die *Partituren* Röhls im kontrapunktischen Prinzip der „Fuge" universelle Zusammenhänge einer Synthese der Gegensätze vermitteln und führen damit ein zentrales Thema Röhls fort.

57 Vgl. hierzu: Ute Brüning (Hrsg.), Das A und O des Bauhauses. Bauhauswerbung: Schriftbilder, Drucksachen, Ausstellungsdesign, Ausst. Kat. Bauhaus-Archiv Berlin, Leipzig 1995.

58 KPRS Weimar, Abb. in: Kat. Röhl 1990, S. 39.

59 Erschienen in: Der Sturm, 16. Jg., 1925, Heft 11/12, S. 169-172; vgl. dazu auch Kat. Röhl 1977, S. 53-58.

60 Röhl beteiligte sich mit 3 Ölgemälden - *Blütenbaum, Schneebild* (Abb. im Kat. der Ausst.), *Vorfrühling*; Kat. Nr. 62-64 - und war auch Mitglied der Jury; Fünfte Thüringer Kunstausstellung Weimar 1926, Ausst. Kat., Weimar 1926 (Veröffentlichungen des Kunstarchivs, Nr. 12, Berlin 1926); KuSa Weimar, o. Sign.

61 Vgl. hierzu: Rolf Bothe, Die Frankfurter Kunstschule 1923-1933, in: H. M. Wingler (Hrsg.), Kunstschulreform 1900-1933, Berlin 1977, S. 144-199.

62 Basierend auf einer stufenweisen Aneignung und Abstraktion von der Naturform; seine „Vorschule der Kunst" stellt Röhl nach dem Zweiten Weltkrieg in einer gleichnamigen Kieler Ausstellung von 1947 vor. Abb. von Schülerarbeiten aus der Klasse Röhls in: Bothe, a.a.O. (siehe Anm. 61), S. 186.

63 Annemarie Jaeggi, Adolf Meyer. Der zweite Mann. Ein Architekt im Schatten von Walter Gropius, Ausst. Kat. Bauhaus-Archiv Berlin, Berlin 1994, S. 214, 347 f.
Ein Brief des Direktors Fritz Wichert an Röhl vom 5.10.1926 bestätigt als projektiertes Aufgabengebiet Röhls die „Erziehung der Schüler zur farbigen Gestaltung sowohl in der II. Vorklasse als auch in der Abteilung für dekorative Malerei bei einer Schülergruppe" wie auch „bei der Ausbildung der Architekten als Lehrer der Darstellung und farbigen Raumgestaltung"; KPRS Weimar.

64 Die Fenster wurden im Zweiten Weltkrieg zerstört; im Nachlaß Röhls sind Fotografien einiger Fenster erhalten. Die Fenster der Seitenschiffe folgten in ihrer farbigen Gestaltung dem Ablauf des Kirchenjahres, während drei Hochchorfenster über der Orgel, „[...] aus Blau über Rot in Grün wachsend, Glaube, Liebe, Hoffnung als Krönung und Abschluß des Kultraumes [...] ausdrücken". Walter Dreßler in: Südwestdeutsche Rundfunkzeitung, Nr. 15/1928.

65 Karl Peter Röhl, undatierter Lebenslauf; KPRS Weimar.

66 Im Nachlaß Röhls ist die Ausgabe des *I Ging. Das Buch der Wandlungen* aus dem Eugen Diederichs Verlag, Jena 1924, erhalten; KPRS Weimar.

67 „[...] auch der Schwede Viking Eggeling, der uns mit seinem ersten absoluten Film bekanntmachte und dann mit seiner Diagonal-Symphonie. [...] Diese Anregung fand bei mir Niederschlag in einer großen Folge, die 1927 während der Internationalen Musikausstellung in Frankfurt/M. gezeigt wurde." Abschrift eines Briefes von Karl Peter Röhl an Eckhard Neumann, 29.10.1963; KPRS Weimar. So weist auch eine *Partitur* Karl Peter Röhls von 1926 eine große Nähe zu den Blättern der beiden Frankfurter Folgen auf; Abb. in: Karin von Maur (Hrsg.), Vom Klang der Bilder, a.a.O. (siehe Anm. 56), S. 207.

68 Hans Richter (nach einem Text von Viking Eggeling), publiziert in: De Stijl, 1921; hier zit. nach: Karin von Maur (Hrsg.), Vom Klang der Bilder, a.a.O. (siehe Anm. 56), S. 224.

69 Publiziert in: das neue frankfurt, 1927, Heft 3, S. 45-49; siehe hierzu: Die neue Wirklichkeit. Abstraktion als Weltentwurf, Ausst. Kat. Wilhelm-Hack-Museum Ludwigshafen, Ludwigshafen 1994, S. 272, Abb. S. 308; Ute Brüning (Hrsg.), Das A und O des Bauhauses, a.a.O. (siehe Anm. 57), Abb. S. 85.

70 Neben der Weiterführung der spätimpressionistisch geprägten Landschaften seit 1925 entsteht um 1930 eine Werkgruppe mit Motiven, die Elemente der „Neuen Sachlichkeit" aufnehmen. Das bedrohliche Element dieser Arbeiten, etwa in der großformatigen Darstellung eines Schützengrabens des Ersten Weltkriegs mit Gasmasken und Totenschädeln, weicht in den 30er Jahren einer Reihe von Frauenporträts und Stilleben, die keinerlei Reibungsfläche mit der offiziell vertretenen Kunstauffassung des Nationalsozialismus bieten.

71 Paul Westheim, Die ‚Kunstblatt'-Ausstellung junger Künstler im Reckendorfhaus, Berlin, in: Das Kunstblatt, Jg. 1930/31, S. 2, 4, 10; ders., Künstler im Reich. Zur ‚Kunstblatt'-Ausstellung im Reckendorfhaus, Berlin, 24. August bis 21. September, in: Das Kunstblatt, Jg. 1930/31, S. 260, 271.

72 Anläßlich der Inventarisierung der Gemälde Röhls in der Karl Peter Röhl Stiftung Weimar wurden Hinweise auf übermalte „Stijl"-Kompositionen an zwei Gemälden gefunden (*Nächtliche Szene mit zwei Frauen*, 1929, Inv. Nr. M 53, und *Winterlandschaft*, 1931, Inv. Nr. M 35).

73 Magdalena Droste, Bauhaus-Maler im Nationalsozialismus, in: Winfried Nerdinger (Hrsg.), Bauhaus-Moderne im Nationalsozialismus. Zwischen Anbiederung und Verfolgung, München 1993, S. 114.

74 In einem Zyklus von Gedichten an „Engel" als Personifikationen verschiedener Elementargewalten bzw. Tugenden heißt es z. B.: „O Du Engel der Blute / [...] Unser Geschlecht arischer Abstammungen / Deutsch Seele und Herz / Unser Volkstum aus flammendem Blut / Hakenkreuz gesigelt / [...] Kinder und Kindeskinder sollen vererben / Den Glauben die Kraft der Liebe. / Nur in Einheit der Kräfte / Vollendet das Volk Gott [...]" oder: „O Du Engel der Abgeklärtheit / [...] Über Nacht ist die Scholle aufgebrochen / Umgebrochen die Herzensacker / Glaube und Liebe sind Blüten. / Wir sind wieder stolze Menschen geworden / Ein Volk der Treue, der Tat. / Wir folgen dem Führer / Sein Rat, sein Wille bestimme uns [...]"; undatierte Manuskripte, KPRS Weimar.

75 Der Entlassung durch die Nationalsozialisten 1933, die neben dem Direktor Fritz Wichert einen Großteil des Kollegiums betrifft, entgeht Röhl, wird jedoch seines Amtes als Leiter der Vorklasse enthoben. Nach Angaben von Marinaua Röhl an die Verfasserin geriet er 1942 in Konflikt mit den NS-Behörden, indem ihm u. a. kommunistische Parteinahme vorgeworfen wurde, so habe er etwa wiederholt die Motive Hammer und Sichel in seine Bilder aufgenommen.

76 Karl Peter Röhl, in: Karl Peter Röhl. Ausstellung seiner Bilder und Zeichnungen. Die inhaltliche Malerei, Faltblatt zur Ausstellung, Neue Galerie, Kiel 1947, Innenblatt.

77 Nach eigenen Angaben war Röhl beratend für verschiedene Ausstellungen tätig. Er gestaltete u. a. eine *Bildbroschüre Kiel 1945-1948* sowie Informations- und Werbeplakate; ein Plakatentwurf zum wiedererrichteten Kieler Seefischmarkt ist im Nachlaß erhalten.
Gayk trägt ihm u. a. in einem Brief vom 28.4.1947 die Teilnahme an der Jury für den von der Stadt ausgeschriebenen „Ideenwettbewerb zur Ehrung der Opfer des Nationalsozialismus" an und bittet ihn ferner, die Stadt Kiel im „Beratungsausschuß für das Theater- und Musikwesen" zu vertreten (Brief A. Gayk an Karl Peter Röhl vom 22.1.1948); letzteres lehnt Röhl jedoch ab, da es ihn zu weit von seiner Malerei entferne (Karl Peter Röhl in seinem Antwortschreiben vom 27.1.1948); KPRS Weimar.

78 Zahlreiche Entwürfe sind im Nachlaß erhalten und zeigen eine Kombination abstrakt-konstruktiver und figürlicher Motive; KPRS Weimar.

EMESE DOEHLER

KARL PETER RÖHL ALS MEISTERSCHÜLER
AN DER WEIMARER KUNSTHOCHSCHULE

Die Kunst- und Kulturgeschichte Weimars beruht auf einer langjährigen Tradition. Künstlerische Bildungsmöglichkeit bestand hier vor allem seit der Gründung der Freien Zeichenschule 1776. Die Baugewerkenschule bot seit 1829 eine bauhandwerkliche Ausbildung. 1860 rief Großherzog Carl Alexander von Sachsen-Weimar-Eisenach eine Kunstschule ins Leben. Sein Ziel an diesem Institut war, Historienmaler ausbilden zu lassen. Durch fürstliches Repräsentationsbedürfnis geleitet, sollte dieses hochgeschätzte Genre in Weimar gepflegt werden. Statt dessen jedoch gab der Großherzog ungewollt der Landschaftsmalerei eine Heimat, die unter dem Begriff „Weimarer Malerschule" über die lokalen Grenzen hinaus berühmt und anerkannt werden sollte.

Nach dem Tod Carl Alexanders 1901 stellte sich für die Bildungsstätte eine neue Situation. Die ehemalige fürstliche Privatschule wurde unter die Zuständigkeit des Staatsministeriums gestellt. Die einschneidende Umorganisierung und die Abhängigkeit von Beamten des Ministeriums machten für manche Schulmitglieder die weitere Arbeit in Weimar unerträglich. Doch gerade die notwendigen Neuberufungen von Lehrern bewirkten eine Art Verjüngung der Lehranstalt, der 1910, zum fünfzigjährigen Jubiläum ihres Bestehens, der Status einer Hochschule verliehen wurde.

„Die Hochschule für bildende Kunst in Weimar konnte sich bis 1914 zu der freiesten Schule in Deutschland entwickeln [...]", betonte Karl Peter Röhl.[1] In den im November 1910 vom Direktor Fritz Mackensen und vom Syndikus Berthold Paul Förster[2] herausgegebenen Satzungen der Großherzoglich Sächsischen Hochschule für bildende Kunst zu Weimar wurde der Zweck der Hochschule eindeutig charakterisiert. „Der Grundsatz der Schule für die Führung der Studierenden beruht auf der Pflege der Persönlichkeit, auf der größtmöglichen Freiheit der Individualitäten und auf Durchsetzung strengen Studiums."[3] „Die Wahl des Lehrers in der Naturschule und Meisterschule ist frei, jedoch beschränkt durch die Platzfrage und die Zustimmung des betreffenden Lehrers. In der Regel kann auch nur nach Semesterschluß der Lehrer gewechselt werden."[4]

Bis in die zwanziger Jahre hinein wurden diese Grundsätze gewahrt. Am 24. Februar 1921 wurden die von Max Thedy, Richard Engelmann und Walther Klemm für die „neu zu belebende Hochschule für bildende Kunst" entworfenen Satzungen dem Staatsminister zu deren Genehmigung eingereicht.[5]

Von einigen wenigen Änderungen abgesehen behielten die Paragraphen aus dem Jahre 1910 auch später ihre Gültigkeit. Demnach sollte der Auszubildende nicht älter als dreißig Jahre alt sein, Begabung des Studierenden vorausgesetzt.[6]

Wohl 1912 wurde eine Ergänzung zu den Aufnahmebedingungen beigefügt: „Beizubringen sind ferner selbständige Arbeiten nach der Natur oder Kompositionen. Auf Grund dieser Arbeiten erfolgt die Aufnahme in der Regel zunächst auf ein halbes Jahr, nach dessen Ablauf über die endgültige Aufnahme durch das Lehrerkollegium entschieden wird."[7]

Direktor Fritz Mackensen faßt zusammen: „Im Jahre 1910 ist eine völlige Neuorganisation unserer Akademie eingeführt, und hat sich dieselbe ganz vorzüglich bewährt. Um allen ordentlichen Lehrern der Figurenmalerei zu ermöglichen, die Leitung eines Studierenden bis zu einem gewissen Abschluß zu bringen, und dadurch das individuelle Bild der Anstalt auf ein bedeutendes Niveau zu heben, sind die Mal- und Zeichenklassen vereinigt."[8]

Bezeichnend für die Art des künstlerischen Unterrichts, wurde die Schule in drei Abteilungen geteilt: Zeichenklasse, Naturschule und Meisterschule. Da die Zei-

Abb. 13
Karl Peter Röhl als Aktmodell im Aktsaal
der Hochschule für bildende Kunst
in Weimar, um 1914.
Foto KPRS Weimar.

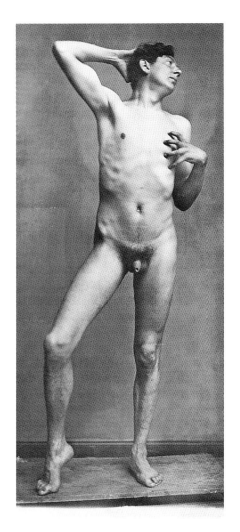

chenklasse lediglich zur Vorbereitung auf die Naturklasse diente, beschränkte sich die Unterrichtsdauer auf höchstens ein Jahr.[9] Hauptsächlich nach Naturabgüssen und anatomischen Modellen wurde hier gezeichnet, obgleich die Möglichkeit bestand, mit Erlaubnis des Lehrers auch am Abendakt teilzunehmen. In der Regel war es den Studierenden der Naturklasse vorbehalten, hauptsächlich nach dem Aktmodell zu zeichnen, zu malen und zu modellieren.[10] Erst in der Meisterschule durfte der Schüler „unter Anregung des Lehrers" frei arbeiten. „Ferner ist die reglementsmäßige Benutzung der Sammlungen des Großherzoglichen Museums, des Großherzoglichen Museums für Kunst und Kunstgewerbe sowie der Großherzoglichen Bibliothek nach Möglichkeit zugänglich gemacht."[11]

Zum Lehrplan gehörte darüber hinaus die Lösung von Aufgaben nach der freien Natur (Landschaften), Komponieren sowie das Lernen und Ausüben von druckgraphischen Techniken.[12] Als theoretische Ausbildung wurden im Wintersemester Vorlesungen über Kunstgeschichte sowie über Ästhetik, Perspektive und Anatomie gehalten. Im Lehrplan verankert, gab es zwischen der Großherzoglich Sächsischen Hochschule für bildende Kunst und der Großherzoglich Sächsischen Kunstgewerbeschule eine Vereinbarung über Zusammenarbeit. „Die vorgeschrittenen Studierenden der Hochschule können in einzelnen Abteilungen unentgeltlich hospitieren. Über die Aufnahme entscheidet der Direktor Professor van de Velde [...]."[13] Da an der Kunstgewerbeschule kein Naturstudium gelehrt wurde, hospitierten deren Schüler zum Beispiel beim Aktzeichnen an der Kunstschule, manche nahmen am Bildhauerkurs teil. Kunststudenten wiederum hörten mit Vorliebe Farbenlehre bei van de Veldes Mitarbeiterin Dorothea Seeligmüller. Diese wechselseitigen Hospitationen rundeten die Ausbildung beider Schulen sinnvoll ab.

Der belgische Maler und Architekt Henry van de Velde war durch eine Berufung des Großherzogs Wilhelm Ernst 1902 nach Weimar gekommen. Nachdem er sich zunächst auf ein „Kunstgewerbliches Seminar" zur Beratung der Handwerker und Kleinindustriellen des Landes in Gestaltungsfragen konzentrierte, empfahl er bereits 1904, auch einer Kunstgewerbeschule Räume zu schaffen. 1905/1906 war der Bau nach van de Veldes Plänen fertiggestellt und 1907 (offiziell jedoch erst 1908) wurde die Schule eröffnet. Die bekannte „Linientheorie" des Belgiers zog damals viele Kunststudenten, so auch Karl Peter Röhl, in ihren Bann. „Die Linie ist eine Kraft, deren Tätigkeit mit den Elementarkräften parallel verläuft. Die Linie entlehnt ihre Kraft von der Energie dessen, der sie gezogen hat. Die Gedanken sind vollkommen und die Vollkommenheit seiner Werke atmet Schönheit. Das muß ich dem Meister sagen: Die Totalität steckt in seinen Werken und seine Erkenntnis von der Kraft der Linie gehört zum pädagogischen Bestand unserer Kunsterziehung."[14]

Daß Röhl noch Jahrzehnte nach seiner Studienzeit in Weimar diese anerkennenden Worte fand, demonstriert den nachhaltigen Eindruck, den van de Velde durch seinen wegweisenden, avantgardistischen Geist und seine ästhetische Ausstrahlung hinterließ. Nicht minder äußert sich der ehemalige Kunstschulstudent über Harry Graf Kessler, Sammler und Direktor des Großherzoglichen Museums für Kunst und Kunstgewerbe, Freund und Mitstreiter van de Veldes. Kessler verstand es, durch seine Ausstellungs- und Sammlungspolitik die zeitgenössische Moderne - Dichter, Musiker und bildende Künstler bzw. ihre Werke - nach Weimar zu holen, um sie hier nicht nur dem kunstinteressierten Publikum bekannt zu machen. Mag auch die konservative Kunstauffassung in der damaligen Residenzstadt überwogen haben, dennoch wirkte der „Kampf gegen den Kitsch und die Häßlichkeit"[15] zumindest im Kreis der jungen Kunstschüler anregend und fördernd.

Als Karl Peter Röhl im Wintersemester, am 18. Oktober 1912, sein Studium an der Großherzoglich Sächsischen Hochschule für bildende Kunst begann,[16] wählte er die „Herren-Naturschule" von Albin Egger-Lienz.[17]

Die Zeichenklasse leitete zu dieser Zeit Otto Rasch, in der Naturschule unterrichteten neben Egger-Lienz Max Thedy, Fritz Mackensen und Gari Melchers. Die Landschaftsklasse unterstand Theodor Hagen, der das Studium der Natur auch weiterhin „zur alleinigen Quelle des Kunstschaffens" erklärte.[18] In der Bildhauerschule unterrichtete nach dem Ausscheiden von Gottlieb Elster Professor Richard Engelmann. Figurenmalerei und Graphik sollte der zum 1. Oktober 1912 berufene Walther Klemm übernehmen; nach dem Weggang von Albin Egger-Lienz übertrug man ihm 1913 dessen Klasse. In der Meisterschule kam zu den genannten Lehrkräften Ludwig von Hofmann für Figurenmalerei und Landschaft hinzu.[19]

Wichtige Änderungen im Lehrplan der Kunsthochschule tauchen ab Oktober 1913 auf. Demnach leitete Walther Klemm die Zeichenklasse, er unterrichtete in der Naturschule und leitete die Schule für Radieren, Lithographieren und Holzschnitt.[20] Im Wintersemester konnten die Studenten unter Leitung der Professoren für Figurenmalerei und Bildhauerei Aktzeichnen lernen. Anatomisches Zeichnen lehrte Otto Rasch,[21] Medizinalrat Dr. Armin Knopf gab Vorlesung über Anatomie, Prof. Berthold Paul Förster über Perspektive. Ab Februar 1914 kamen nicht nur kunsthistorische Vorträge, gehalten von Dr. Anton Mayer hinzu, es wurde auch eine eigene Kunstdruckerei in der Kunsthochschule eingerichtet, die der Hofkunstdrucker Otto Weidemann leitete.

Für Karl Peter Röhl hatte das Studium an der Kunsthochschule in Weimar bereits den Charakter einer Weiterbildung. Zuvor in Kiel wie auch in Berlin wurden ihm die Grundzüge einer künstlerischen Ausbildung vermittelt. Verhältnismäßig kurze Zeit verbrachte er unter der Obhut von Albin Egger-Lienz, der zum 1. Januar 1912 „unter gleichzeitiger Verleihung des Professorentitels" als Lehrer an die Hochschule berufen wurde.[22] Als dieser Ostern, zu Beginn des Sommersemesters, sein Lehramt in der Residenzstadt antrat, konnte die Akademie ihr neues, von van de Velde entworfenes und 1911 fertiggestelltes Schulgebäude beziehen.

Egger-Lienz kam von der Münchener Akademie, wo die Historienmalerei einen Schwerpunkt der Ausbildung darstellte. In seiner Jugend von Defreggers Sittenbildern beeindruckt, wurde er später auf die Malweise von Gustave Courbet aufmerksam, von den französischen Künstlern zog ihn jedoch das Werk Jean-François Millets am stärksten an. Der Osttiroler Egger-Lienz bevorzugte neben Porträts historische Themen sowie das bäuerliche Sittenbild. Das einfache Bauerntum und dessen alltäglich schwere Arbeit, die er ins Feierliche und Würdevolle steigert, sind charakteristisch für sein Werk. Diese heimatlich-urtümlichen Motive unterstrich er mit strengen Formen und herbem Kolorit. Durch das Weglassen von Nebensächlichem erreichte er die für seine Bilder so typische Geschlossenheit.

Wuchtig-breite Konturen akzentuieren die Formgrenzen von Mensch, Gegenstand oder nüchtern formulierter Landschaft. Um in seinem zeichnerischen Werk die plastische Wirkung hervorzuheben, setzte er weiche, breite Flächen für die Licht-Schattenwirkung ein; die verstärkt dicken Umrißlinien bleiben auch hier bezeichnend. Egger-Lienz verlangte von seinen Schülern, nicht nur das Sichtbare eines Modells nachzuzeichnen, sondern auch das, was man nicht sieht, denn „so ein Akt ist ja ein ganzes Drama".[23] Die Zeichnungen seines Schülers Karl Peter Röhl deuten auf die Annahme der Egger-Lienzschen Theorie. Die Kohlezeichnung *Kauernder weiblicher Akt* (Kat. 6) signierte und datierte Röhl nachträglich; der Vergleich der künstlerischen Handschrift mit anderen, 1913 entstandenen und bezeichneten Arbeiten erweist aber die Richtigkeit der vorgenommenen Datierung. Im Sinne von Egger-Lienz umrahmt Röhl den nackten, weiblichen Körper mit stark betonten Konturlinien, die in ihrer Gesamtheit als Gerüst und tragendes Element empfunden werden. Ähnlich verfährt er auch bei den Zeichnungen anderer Genres (Kat. 4, 5), wobei zudem seine Arbeitsmethode sichtbar wird. Nach ersten, gegebenenfalls eher unsicheren Versuchen, die Umrisse des Modells zu erfassen, wird durch mehrmaliges Wiederholen der Strich sicherer und selbstbewußter. Dem folgen die die Plastizität hervorhebenden Schattierungen sowohl mit dünnen wie auch mit breiten Strichen des Zeichenmittels. Durch das Verwischen der Kohle entstehen Flächen, die vom hellen Grau bis ins Schwarz übergehen. Unter Egger-Lienz' Anleitung dürfte ebenso die *Landschaft*, 1913, entstanden sein, wie es schon die zeichnerische Behandlung des Gegenstandes vermuten läßt. Auch hier sind die kraftvoll gezogenen Konturen zu beobachten, denen anscheinend zahlreiche Korrekturen vorausgingen. Röhls Landschaften beruhen auf Naturbeobachtung, wie es das Lehrprogramm der Kunsthochschule vorschrieb. Die Gestaltungsweise des alten Baumes in der Kohlezeichnung weist eindeutig darauf hin.

Egger-Lienz' Abkehr vom Naturalismus machte sich auch in den Arbeiten seiner Schüler in Weimar bemerkbar. Zu sehr von der eigenen Anschauung überzeugt, duldete er keine anders denkende und formende Kunstauffassung. „Von den Alten ließ er im Grunde nur Tintoretto, Holbein, Grünewald, Dürer, Rembrandt, von den Neueren Millet und Courbet, von den Zeitgenossen niemand gelten."[24] Diese persönliche Einstellung ließ auch bei seinen Studenten kaum andere, individuelle Entwicklungsrichtungen zu, die dadurch als Ergebnis eine Art Einheitlichkeit in den Schülerarbeiten mit sich brachte. Während seine Studentenschaft Egger-Lienz' unerbittliche Selbstüberzeugung bewunderte, beschwor er im Lehrkörper unweigerlich eine Konfliktsituation herauf. Im Sommer 1912, nach der großen „Sonderausstellung für monumental-dekorative Malerei" in Dresden,[25] kam es schließlich zum Eklat. Zeitgenössische Kritiker hatten Egger-Lienz als Hodler-Nachfolger bezeichnet, woraufhin der Tiroler mehrere Künstlerkollegen mit unsanften Äußerungen angriff. Dies stieß nicht zuletzt im Lehrerkollegium der Weimarer Hochschule auf Ablehnung. Nicht verwunderlich ist daher die Tatsache, daß sich Albin Egger-Lienz auf den Studentenfesten im Kreis seiner „Anhänger" wohler fühlte als unter seinen Kollegen.

Im März 1913 bat er schließlich um seine Entlassung aus Weimar, verließ jedoch die Hochschule erst nach Beendigung des Sommersemesters. Bevor er ging, stellte er für seine Studenten wohlwollende Zeugnisse aus.[26] Darüber hinaus fanden die talentierten Schüler, wie auch Karl Peter Röhl, auf der im Hochschulgebäude regelmäßig stattfindenden Schülerarbeiten-Ausstellung gebührende Anerkennung. Während des Sommersemesters 1913 erhielt Röhl in der Naturklasse von Professor Egger-Lienz das Diplom für Zeichnen.[27]

Trotz Egger-Lienz' dominierender Persönlichkeit zeigten die Arbeiten von Karl Peter Röhl „eine ausgesprochene persönliche Eigenart".[28] Dies ist bereits in der frühen Landschaftsskizze von 1913 ersichtlich (Kat. 4), wo er, im Detail über den Naturalismus hinausgehend, den linken, dünneren Baumstamm stilisiert, gekünstelt-verdreht gestaltete.

Den hockenden weiblichen Rückenakt (Kat. 8) zeichnete Röhl ein Jahr später bei Walther Klemm. Durch die warme, rotbraune Farbe der Rötelkreide erscheint diese Konturzeichnung auch bei fehlender, die Körperlichkeit kennzeichnender

Schattierung weicher und geschmeidiger als eine Kohlezeichnung.[29] Mit wenigen sicheren, die Körperform umreißenden Strichen wurde hier die Gestalt des Modells erfaßt.

Die anatomischen Gesetze berücksichtigend, zeichneten die Studierenden im Aktsaal[30] lediglich die Figur eines Menschen, während die bildliche Wiedergabe des Kopfes bzw. des Gesichts gesondert als Porträtkunst behandelt wurde. Als Beispiel hierfür stehen das Selbstbildnis Röhls, 1913 (Kat. 5), und der *Porträtkopf einer jungen Frau nach rechts*, 1914 (Kat. 7).

Das Selbstporträt im Dreiviertelprofil ist die Kohlezeichnung eines Schülers, das lediglich das äußere Erscheinungsbild wiedergibt. Hier ist noch nichts von der inneren Auseinandersetzung des Zeichners mit dem eigenen Ich zu spüren. Röhls Bildnis verrät kaum die psychologische Durchdringung, die Selbstbefragung und Selbsterkenntnis, die in der Regel im Selbstbildnis eines Künstlers gewollt seinen Ausdruck findet. Lediglich der prüfend-konzentrierte Blick in den Spiegel ist dem jungen Mann anzusehen. Er hat dabei kein Idealporträt geschaffen, sondern versuchte, seine Gesichtszüge realistisch (große Nase, üppige Lippen, Doppelkinn) darzustellen. Ganz im Sinne seines damaligen Lehrers, Egger-Lienz, zog er eine starke Konturlinie, die seine rechte Gesichtshälfte markiert. Durch Wischtechnik und teilweise mit Hilfe des Radiergummis oder einfach anhand von weiß gelassenen Flächen auf dem Papier erzielt Röhl die gewünschte Licht-Schatten-Wirkung.

Entgegen dem Selbstporträt wählte er bei dem Frauenbildnis ein flüssiges Zeichenmittel, die Tusche. Ohne Vorzeichnung, mit knappen, jedoch sanften Pinselstrichen schildert Karl Peter Röhl das Antlitz seines Modells.[31] Es bedurfte der sicheren Hand des erfahrenen Kunststudenten, die nicht korrigierbare Tusche anzuwenden. Mit Spitzpinseltechnik, ohne Binnenstrukturen anzudeuten, gelang ihm hier die lineare Feinheit einer Umrißzeichnung, die er mit schmiegsam-weichen Strichen zügig und selbstsicher auf das Papier brachte.

Zahlreiche, in erster Linie Breitpinselzeichnungen Röhls aus den Jahren 1908-1911 bezeugen nicht allein seine zuvor gesammelten Erfahrungen in der Pinseltechnik, deutlich erkennbar sind darüber hinaus Einflüsse ostasiatischer Kunst.[32]

Um die Jahrhundertwende machte sich eine Art Japanismus in Europa bemerkbar und zog in seiner Beschränkung und Konzentration auf das Wesentliche viele zeitgenössische Künstler an. Sowohl die Tuschmalerei wie auch der Holzschnitt bzw. Farbholzschnitt der Japaner fanden in den Werken deutscher Maler gebührend Anklang. Auch Walther Klemm, seit dem Ausscheiden von Albin Egger-Lienz Röhls Lehrer an der Kunsthochschule, blieb von diesem Einfluß, vermittelt durch Emil Orlik, nicht unberührt. „Konzentration ist alles. [...] Betrachtet den Gegenstand, den ihr zeichnen wollt, beobachtet ihn, Stunden-, Tagelang. Wenn ihr einen knorrigen Baumstumpf zeichnen sollt, müßt ihr selbst förmlich Baumstumpf, knorrig geworden sein, ehe ihr ihn richtig zeichnen könnt [...]. Erleben müßt ihr die Dinge.“[33] Charakteristisch für seine künstlerische Herangehensweise war die Naturbeobachtung, bei der er, Zufälliges ausklammernd, das Wesentliche herauszuschälen vermochte.

Ausgebildet an der Wiener Kunstgewerbeschule machte Klemm 1903 erste Farbholzschnitte und stellte die druckgraphischen Blätter bereits ein Jahr darauf erfolgreich in der Wiener Sezessionsausstellung aus. Beeinflußt von Hodler, Amiet und Orlik sowie zeitweise von Edvard Munch näherte sich Klemm während seines Schaffens verschiedenen aktuellen Kunstströmungen. Er probierte und unternahm Versuche, sich Form wie Gefühlswelt des Impressionismus sowie des Expressionis-

mus zu eigen zu machen, doch blieb er letztlich seinem humoristischen Idealismus treu. Zwischen 1907 und 1913 zog es ihn in die Dachauer Künstlerkolonie, wo er nicht nur erste Malversuche unternahm, sondern neben dem Holzschnitt auch andere druckgraphische Techniken (Radierung, Lithographie) ausübte. Als er nach Weimar berufen wurde, beherrschte er faktisch jede übliche Technik der graphischen Künste. Während seiner Lehrtätigkeit schuf Klemm hier neben Einzelblättern 1914 den Holzschnittzyklus *Don Quijote*.[34] Es sind Schwarz-weiß-Drucke, die trotz ihres Realismus Visionäres zu erfassen vermögen (Abb. 14). Dabei fanden technische „Tricks" des Holzschnitts gekonnt Verwendung: „[...] Reliefdruck der weißen Partien, Stehenlassen oder absichtliches Hervorbringen gewisser Rauheiten und Rissigkeiten, die dem Holzschnitt eigentümlich sind und mit seiner Herstellung, beziehungsweise mit dem dazu nötigen Material aufs engste zusammenhängen [...]."[35]

Klemms eigentliche Aufgabe in Weimar war es, die druckgraphischen Techniken - vor allem Künstlerdruck und Handabzug - den Schülern der Kunsthochschule beizubringen.[36]

Klemm tolerierte und respektierte die Individualität seiner Schüler, so daß die Arbeiten keine Einheitlichkeit, sondern Vielfalt in Formensprache und künstlerischem Ausdruck aufweisen konnten.[37]

Während den Holzschnitten von Walther Klemm ein mehr weicher, pinselartiger Duktus eigen ist, besitzen Röhls Drucke eher eine gewisse Derbheit, deuten damit auf fremde, expressionistische Einflüsse hin (Abb. 15). Entgegen Klemms „Pinselschnitt" sind Form und Fläche bei Röhl sporadisch aufgerissen (Abb. 16). Die Gemeinsamkeit in den Kompositionen beider Künstler findet man jedoch in der Vereinfachung und Konzentration auf das Wesentliche.[38]

Die herausragenden Leistungen Röhls würdigte das Professorenkollegium neben mehrmaligen Zuwendungen von Stipendien mit der Ernennung zum Meisterschüler am 19. Juni 1914 sowie mit der Vergabe eines Ateliers.[39]

Eine besondere Ehre für die Studenten bedeutete der Ankauf ihrer Arbeiten für die Sammlung der Hochschule oder aber auch für andere Einrichtungen und Museen. Diese Auszeichnung wurde Karl Peter Röhl mehrfach zuteil.[40] Neben Röhl sind nicht wenige, meist durch ihre spätere Bauhauszugehörigkeit bekannt gewordene Künstler in den Jahresberichten der Kunsthochschule Weimar mit anerkennenden Worten erwähnt. Hierzu gehören u. a. Eberhard Schrammen, Margarete Bittkow, Rudolf Riege, Walter Determann, Paul Teichgräber und Otto Lindig. Wenn Karl Peter Röhl rückblickend von einer persönlichkeitsfördernden „Polaritätsspannung" an der Weimarer Akademie spricht, fällt es nicht schwer, dies anhand von Vergleichen mit anderen Schülerarbeiten zu demonstrieren. Eberhard Schrammen beispielsweise, der schon 1906 der Kunstschule angehörte und gleichermaßen zum Meisterschüler avancierte, erhielt in der Landschaftsklasse bei Theodor Hagen seine Ausbildung. Obwohl sich Schrammen ebenfalls durch Walther Klemm geleitet in der Technik des Holzschnittes übte, zeigen seine Blätter grundlegende Unterschiede zu Röhls Ausdrucksweise (Abb. 17). Während Schrammen mit seiner dekorativ-ornamentalen Wolkenformation und allgemeiner Kleinteiligkeit noch dem Impressionismus verhaftet blieb, ist in dem *Liebespaar* von Karl Peter Röhl (Abb. 16) eine inhaltliche Spannung des expressiven Stils, unterstrichen durch vereinfachte Formen, zu spüren.

Mit Erlaubnis seines Lehrers durfte ein Schüler seine Arbeiten auch öffentlich ausstellen.[41] Damit hatte er die Gelegenheit, die eigenen Werke mit denen anderer

Künstler außerhalb der Hochschule zu vergleichen und die Urteile des „unbefangenen" Publikums zu erfahren. Künstlerische Anregungen holten sich die Studenten also auch außerhalb der Ausbildungsstätte. Für Röhls Entwicklung bedeuteten die Begegnung mit Lyonel Feininger 1913 in Weimar und vor allem der Einfluß von Johannes Molzahn ab 1914 eine entscheidende Wende. „Molzahn machte uns bekannt mit den Futuristen: Umberto Boccioni, Gino Severini, Carlo Carra. Diese Künstler wirkten umwälzend auf uns alle."[42]

In der Tuschfederzeichnung *Schreitendes Liebespaar als Aktfiguren vor Sonne*, 1914 (Kat. 9), widerspricht die Formulierung der Figuren einer akademischen Ausbildung. In Form und Inhalt beschreitet hier Röhl neue Wege. Diese manieristisch angedeuteten, langgezogenen Körper haben nichts mehr mit dem Frauenakt von 1913 (Kat. 6) gemeinsam, auch der Porträtkopf aus dem Jahr 1914 (Kat. 7) trägt eine andere Handschrift. Der rasche Wandel in Röhls Kunstauffassung könnte gar nicht prägnanter sein. Eine derartige Abweichung von der Naturtreue hatte wohl kaum eine Chance, zumindest in dem Kreis des damaligen Lehrerkollegiums und des konservativen Großherzogs, akzeptiert zu werden. In Nähe zum Symbolismus stellte Röhl zwei nackte Menschen dar, die, obwohl die Attribute fehlen, dem alttestamentlichen Sujet der „Austreibung aus dem Paradies" zugeordnet werden können. Doch das stilisierte Menschenpaar schreitet in die Richtung der Sonne, die das Leben versinnbildlicht. Daher bezieht sich die Ikonographie der Komposition vermutlich auf die „Auferstehung" bzw. „Erneuerung" der Kunst. Eindeutig zu erkennen ist die auffallende Verwendung von Parallelen, die eine Art Harmonie zwischen Mann und Frau betonen.[43] Dieses Mal trug Röhl die Tusche mit der Feder auf das Papier. Die außerordentlich unregelmäßige, heftig-nervöse Strichführung wird nicht allein durch die meist kurzen Linien deutlich. Röhl drückte das Zeichengerät teilweise so stark auf, daß die Spitzen der Feder auseinanderbogen und Kratzspuren auf dem Blatt hinterließen.

„Zwar hatte die Schule sehr gute Professoren, aber ihre Schüler waren freier und ungezügelter, sie gründeten die freie Vereinigung, sie studierten und malten, sie pflegten die Kameradschaft und feierten Feste und an ihren Theateraufführungen nahm die ganze Stadt Weimar teil."[44]

Jene sich aus dem geselligen Zusammensein außerhalb des strengen Studiums entwickelnde Tradition an der damaligen Kunsthochschule bildete die „Urzelle" der „Arkadischen Feste", die zum festen Bestandteil am späteren Bauhaus in Weimar werden sollten.

Doch zunächst wurde die permanente Entfaltung der vielversprechenden Talente durch den Ersten Weltkrieg unterbrochen. Karl Peter Röhl trat seinen Heeresdienst im Oktober 1914 an. Nach Kriegsende setzte er sein Studium vom 1. Februar bis 31. März 1919 an der Großherzoglich Sächsischen Hochschule für bildende Kunst in Weimar bei Walther Klemm als Meisterschüler fort.[45] Gleichzeitig nahm er jedoch erneut den Kontakt zu Johannes Molzahn, der sich Anfang 1919 wieder in Weimar aufhielt, und seinem Kreis auf.[46] Molzahn stellte seit 1917 bei Herwarth Walden in der Galerie „Der Sturm" aus und blieb auch weiterhin mit der internationalen Kunstszene in Verbindung. Anhand seiner Vermittlerrolle eröffnete er den aufgeschlossenen Kunststudenten ungeahnte Möglichkeiten der Kreativität. Mit ihm erlebte Röhl aktiv die Gründung des Staatlichen Bauhauses in Weimar mit Wirkung vom 1. April 1919 unter der Leitung von Walter Gropius. Der Zusammenschluß der ehemaligen Kunstgewerbeschule van de Veldes und der Kunsthochschule ergab, daß die Lehrer und Studenten der Akademie zunächst den Kern des neuen Instituts bildeten. Bereits vorprogrammiert erscheint die Krisensituation, zu der es bald kommen sollte, denn das Programm des Bauhauses und die traditionelle Akademieausbildung waren für die Dauer miteinander nicht zu vereinbaren. Einzig die Neugründung der Hochschule für bildende Kunst schien die für alle Parteien vertretbare Lösung zu sein. Im September 1920 verließen Max Thedy und Otto Rasch, einen Monat später Richard Engelmann und Walther Klemm mit ihren Klassen das Bauhaus.

Überraschend erscheint der analoge Schritt Röhls am 19. Januar 1921. Röhl entwickelte während seines weiteren Weimarer Akademiestudiums ein breites Spektrum von Ausdrucksmöglichkeiten und ein Formenvokabular, das ebenso abstrakte Strukturen und nicht zuletzt konstruktivistische Gebilde zuließ. Weiterhin unter dem Einfluß des Bauhauses sowie der De Stijl-Künstler stehend, blieb Karl Peter Röhl bis zum 30. September 1926 Meisterschüler an der Staatlichen Hochschule für bildende Kunst zu Weimar bei Professor Walther Klemm.[47]

1 Zit. nach: Kat. Röhl 1975, S. 4

2 Ehemals Schüler von Theodor Hagen

3 ThHStAW, Nr. 3, Nr. I, § 1

4 ThHStAW, Nr. 3, Nr. I, § 3. Der Wechsel setzte natürlich voraus, daß der bisherige sowie der neugewählte Lehrer hiermit einverstanden war.

5 ThHStAW, Nr. 4-5, Bl. 1. Zu dieser Zeit waren die neuen Satzungen des Bauhauses bereits im Druck.

6 ThHStAW, Nr. 3, Nr. I, § 5. Als Karl Peter Röhl sein Studium an der Weimarer Akademie begann, war er zweiundzwanzig Jahre alt.

7 ThHStAW, Nr. 3, Nr. I, Änderungen zu § 5. Diese Regelung ist mit dem Probesemester bzw. mit dem Vorkurs am Bauhaus vergleichbar.

8 Antwortbrief Fritz Mackensens am 30. März 1914 auf eine Anfrage des Großherzoglich Badischen Ministeriums. ThHStAW, Nr. 8, Bl. 117

9 In der Naturschule konnte das Studium bis zu drei, in der Meisterschule sogar bis zu vier Jahren dauern. ThHStAW, Nr. 3, Nr. I, § 5

10 An der Kunstschule wurden seit 1905 auch Bildhauer ausgebildet. Nach Adolph Brütt und Gottlieb Elster folgte 1913 Richard Engelmann einer Berufung nach Weimar.

11 Ebenso konnten für die künstlerische Arbeit Kostüme und Waffen aus dem Großherzoglichen Hoftheater entliehen werden. ThHStAW, Nr. 3, Nr. I, § 12

12 Bis zur Berufung von Walther Klemm beschränkte sich die Ausbildung auf das Radieren und Lithographieren.

13 ThHStAW, Nr. 3, Lehrplan S. 1

14 Zit. nach: Kat. Röhl 1975, S. 4

15 Ebd.

16 Zur selben Zeit traten auch andere spätere Bauhausschüler zunächst in die Zeichenklasse der Akademie ein, wie etwa Rudolf Dellit und Marianne Liebe (verheiratet Brandt), und wurden nach der Probezeit definitiv aufgenommen. ThHStAW, Nr. 8, Bll. 114/117

17 ThHStAW, Nr. 8, Bl. 116. Laut Berichten der Direktion der Großherzoglichen Hochschule für bildende Kunst besuchte Röhl die auf das spätere Studium vorbereitende Zeichenklasse nicht.

18 Walther Scheidig, Die Weimarer Malerschule 1860-1900, hrsg. von Renate Müller-Krumbach, Leipzig 1991, S. 83. Hagens Lehrtätigkeit in Weimar erstreckte sich von 1871 bis zu seinem Tod 1919.

19 Ludwig von Hofmann, seit 1903 an der Kunstschule tätig, versuchte mit betont dekorativen Arbeiten seelische Aussagen zu erzielen und deutete durch rhythmisch-linear aufgebaute Figurenkompositionen auf ein positives Lebensgefühl hin.

20 ThHStAW, Nr. 3; im Lehrplan wurde das Wort „Holzschnitt" als neu hinzugekommene druckgraphische Technik unterstrichen.

21 ThHStAW, Nr. 8, Bl. 60. „Weil sich fehlende anatomische Kenntnisse bei den Schülern herausstellten, beschloss das Lehrerkollegium, für das Wintersemester eine anatomische Zeichenklasse einzurichten, Otto Rasch wurde als dafür geeigneter Lehrer vorgeschlagen."

22 ThHStAW, Nr. 8, Bl. 103

23 Zit. in: Heinrich Hammer, Albin Egger-Lienz, Innsbruck-Wien-München 1930, S. 120

24 Rudolf Wacker, ehemaliger Schüler des Osttiroler Künstlers in Weimar, zitiert in: Heinrich Hammer, a.a.O. (siehe Anm. 23), S. 122

25 Hier waren Werke u.a. von Klinger, Stuck, Thoma, Corinth, Ludwig von Hofmann, Emil Orlik, Gustav Klimt, aber auch von Amiet, Buri und Ferdinand Hodler zu sehen.

26 Über Karl Röhl existieren zwei Beurteilungen, vom 6. März und vom 17. Juni 1913, beide KPRS Weimar. Neben Otto Herbig und Heinrich Stegemann betrachtete Egger-Lienz Karl Peter Röhl als einen seiner begabtesten Schüler.

27 Entscheidung des Lehrerkollegiums. ThHStAW, Nr. 8, Bl. 136

28 Empfehlungsschreiben vom 25. März 1914, unterzeichnet von Mackensen und Förster. Abschrift KPRS Weimar

29 Die Kohle gehört zu den sogenannten trockenen Zeichenmitteln, die leicht korrigiert werden können und deshalb besonders für Anfänger bestens geeignet sind.

30 Es sei an dieser Stelle auf Fotomaterial hingewiesen, wo Karl Peter Röhl im Kreis seiner Studienkameraden mit einem Modell im Aktsaal zu sehen ist. KPRS Weimar

31 Ob es sich bei der jungen Frau um ein professionelles Modell oder eher um eine Mitstudentin handelte, kann nicht mit Sicherheit ermittelt werden. Tatsächlich standen Studierende häufig füreinander Modell, auch Karl Peter Röhl. Fotonachweis KPRS Weimar

32 KPRS Weimar

33 Aus einem Vortrag Klemms vor seinen Schülern, zitiert in: Kat. Walther Klemm, Gedenkausstellung, Weimar 1973, S. 5

34 Klemms Illustrationen zu Cervantes' *Don Quijote* sind im Kiepenheuer-Verlag, Weimar, erschienen.

35 Richard Braungart, Walther Klemm. Holzschnitte und Lithographien, in: Die Kunst. Monatshefte für freie und angewandte Kunst, XVII. Jg., 1914, S. 517

36 Da die technischen Bedingungen hierfür bislang fehlten, wurden z.B. die Jahresmappen des Weimarer Radiervereins 1877-1914 mit Hilfe von Felsing in Berlin gedruckt, d.h. die Künstler haben die Kupferplatten ca. fünfzig Jahre lang nach Berlin schicken müssen.

37 In welchem Maße Klemms pädagogische und künstlerische Kompetenz bei den Studierenden wie Karl Peter Röhl ihren nachhaltigen Widerhall fand, beweist nicht zuletzt die im Röhl-Nachlaß vorhandene Literatur über den ehemaligen Lehrer.

38 Die Radierungen des Kieler Schülers aus dieser Zeit verweisen dagegen auch auf die Kenntnis symbolistischer Werke von Giovanni Segantini.

39 ThHStAW, Nr. 8, Bl. 156/157

40 Zeugnis-Abschrift vom 17. Dezember 1926, KPRS Weimar

41 ThHStAW, Nr. 3, § 6; vgl. auch den Katalogbeitrag von Constanze Hofstaetter, Karl Peter Röhl: Leben und Werk

42 Karl Peter Röhl, zitiert in: Baukunst und Werkform, Heft 2/3, 1953, S. 85

43 In seinem figurativen Œuvre greift Karl Peter Röhl mehrmals das Menschenpaar mit ähnlichem Parallelschritt vor Sonnenhintergrund auf.

44 Karl Peter Röhl, zit. nach: Kat. Röhl 1975, S. 4

45 Zeugnis-Abschrift vom 17. Dezember 1926, KPRS Weimar

46 Zu dieser Gruppe gehörte auch der Bildhauer Karl Herrmann, der im Oktober 1913, ein Jahr später als Röhl, Schüler der Kunsthochschule in Weimar wurde. In der Bildhauerklasse von Richard Engelmann erhielt er im Sommersemester 1914 ein Stipendium. Anläßlich der Schülerarbeiten-Ausstellung im gleichen Jahr erteilte ihm das Professorenkollegium eine mündliche Belobigung. Darüber hinaus wurde Herrmann im Wintersemester 1914/15 eine Freistelle zugesprochen. ThHStAW, Nr. 8, Bll. 144, 154, 162

47 Zeugnis-Abschrift vom 17. Dezember 1926, KPRS Weimar

Abb. 19
Karl Peter Röhl, Komposition, 1919,
Tusche und Wasserfarben/Papier.
KPRS Weimar.

„ZEICHEN UNSERER NEUEN WELT"[1]
- KARL PETER RÖHL IN WEIMAR 1919-1921

I. Die Weimarer Künstlergruppe um Johannes Molzahn

Als Karl Peter Röhl Anfang 1919 nach Weimar zurückkehrte, nahm er sein Studium als Meisterschüler Walther Klemms an der Weimarer Hochschule für bildende Kunst wieder auf und setzte damit nach dem Krieg dort wieder an, wo seine künstlerische Laufbahn durch die Einberufung zum Militär unterbrochen worden war.

Wichtiger als die Hochschule wurde für Röhl hier aber die Künstlergruppe um Johannes Molzahn und den Bildhauer Johannes Karl Herrmann, auch er Student der Kunsthochschule,[2] die sich im Atelier Molzahns traf und so ebenfalls an die Vorkriegssituation anknüpfte, als sich die jungen Künstler bereits zu einer Arbeitsgemeinschaft zusammengefunden hatten.[3] Als Teil jenes kollektiven Aufbruchs, der in der Folge der Novemberrevolution von 1918 weite Kreise der Künstler im Deutschland der Nachkriegszeit erfaßt hatte, wollten sie einer neuen Kunst wie einer neuen Gesellschaft zum Durchbruch verhelfen und „kämpfend unseren Weg in die Sterne treiben".[4]

Zum weiteren Umfeld der Gruppe gehörten die ebenfalls an der Weimarer Hochschule eingeschriebenen Kunststudenten Johannes Ilmari Auerbach, Werner Gilles, Hans Breustedt, Doris von Mohl und Ella Bergmann-Michel sowie Robert Michel, der in Folge seiner Auflehnung gegen die „verstaubten Zeichenmethoden" 1918 die Hochschule hatte verlassen müssen.[5] Anerkannter Mittelpunkt des Kreises war Johannes Molzahn, der in Weimar als freischaffender Künstler arbeitete und seit 1917 zum Kreis der Berliner „Sturm"-Galerie Herwarth Waldens gehörte: „Molzahn aber war der Mensch, in dem sich Röhl und Herrmann fanden, offenbarten. Wir schwankten lange, das zuzugeben. Aber es war nicht äußerlich, dass sich alle jeden Abend im Atelier von Molzahn in Weimar trafen, dort wo ich sie sah."[6] Dies notierte der Anarchist und Lebensreformer Hugo Hertwig in seinem Tagebuch, der über Johannes Auerbach in den Kreis eingeführt worden war und hier mit seinen biosophischen und sozialistischen Maximen wichtige Impulse gab.[7] Von Hertwig stammt auch eine farbige Schilderung Karl Peter Röhls, den er mit Molzahn und Herrmann zu den „jüngsten und besten Künstlern" Deutschlands rechnet:

„Toll war der Peter immer. Der Ziegenbock war sein Symbol. Der Himmel lachte, wenn er sprach, er machte wirklich gutes Wetter. Es war der ganze Kerl ein rotes Wunder. Es liebten ihn die Kinder, weil er fliegen konnte mit den Drachen. Mit den dynamischen Kräften der Erde stand er im Kontakt. Wo ich ihn sah, auf der Strasse, im Atelier, da wirbelte der Staub. Da wuchs die Welt, der Körper. Immer war er übersoffen, überfressen. Immer selig. Um ihn rauschten seine Farben, seine Bilder, seine Holzschnitte. Er selber war ein grosses Mass alles dessen, was er machte. Er wurde mit der Erde fett und mager. Sein Kopf nahm mit dem Monde zu. Kosmisch war der Peter. Kein Künstler. Das Licht quoll in ihm über. Es kreisten wirklich über ihn die Drachen. Er sang. In ihm lebten Vögel. Er selbst war gefiedert. Süss für alle Kinder. Zucker für die Mädchen."[8]

Mit ihren neuen Arbeiten beteiligten sich Molzahn, Herrmann und Röhl im März/April 1919 an einer Ausstellung im Weimarer Museum am Karlsplatz (Abb. 20)[9] und zogen damit heftige Angriffe der konservativen Presse Weimars auf sich, die ihre Werke als „Entartung und Dekadenz"[10] diffamierten. Zu den ausgestellten Gemälden Röhls schreibt die *Weimarische Landeszeitung Deutschland*: „Anscheinend hat die Revolution auf dem Gebiete der Malerei ebenso viele und hochgradige Verrücktheiten gezeitigt [...] Beginnen wir im Oberlichtsaale mit Nr. 1., Peter Röhl 5 Bilder - soll es ein Witz sein? Dann ist es ein recht schlechter! Unentwirrbarer

Farbenunfug. Was er sich dabei gedacht hat, hätte der Künstler an den Rand schreiben sollen - viel wohl nicht?!"[11] Die Kritik gipfelte in einem Aufsatz des Weimarer Psychiaters Dr. Hanns Kahle über „Expressionismus, Bolschewismus und Geisteskrankheit", der anläßlich des von Molzahn ausgestellten Bildes *Pole* die polemische Frage stellt, welche „Geisteskrankheit nun solchen Gesichtshalluzinationen zugrunde" liege.[12]

Unterstützung fanden die jungen Künstler jedoch im Weimarer Museumsleiter Wilhelm Koehler, der 1919 Holzschnittfolgen Molzahns, Herrmanns und Röhls erwarb und vermutlich in einem Raum des Schloßmuseums in einer ständigen Ausstellung präsentierte.[13] Auch der spätere Reichskunstwart Edwin Redslob erwarb als Leiter des Erfurter Angermuseums bereits seit März 1919 eine Reihe grafischer Arbeiten Karl Peter Röhls.[14] Finanziert wurde der Ankauf offenbar durch den Mäzen des Museums, den Erfurter Kunstsammler Alfred Hess, in dessen Gästebuch sich Röhl im März 1919 mit einer Zeichnung einträgt (Abb. 3).

Edwin Redslob übernahm auch die Redaktion einer als Entgegnung auf die Angriffe der Weimarer Kunstkritik geplanten „Kampfschrift" der Gruppe, für die der Kunstsammler Harry Graf Kessler finanzielle Unterstützung in Aussicht gestellt hatte,[15] und deren Manuskript Redslob im Juni 1919 übergeben wurde; trotz umfangreicher Vorarbeiten kam jedoch schließlich keine Veröffentlichung zustande. An dem Projekt beteiligte sich auch Karl Peter Röhl mit einem Aufsatz, wie aus einem Brief Redslobs an Molzahn hervorgeht.[16]

Der Kontakt Röhls zu Redslob blieb über dessen Erfurter Zeit hinaus bestehen; so entwarf Röhl 1920 ein Plakat zu einem Vortrag Redslobs in Weimar mit freiem Eintritt für „Bauhaus Schwestern und Brüder",[17] und 1921 erwarb Redslob eine Reihe grafischer Arbeiten Karl Peter Röhls für seine private Sammlung.[18]

Im Umfeld dieser Künstlergruppe sind die überlieferten Arbeiten Röhls des Jahres 1919 im wesentlichen entstanden. Hier verarbeitet er die Anregungen aus

den Berliner Jahren im Ersten Weltkrieg mit neuen Impulsen des Molzahn-Kreises und findet so zu Konzeptionen, die auch für die Jahre am Bauhaus bis 1921 bestimmend bleiben.

Bereits in den Berliner Zeichnungen der Jahre um 1916 begegnet als zentrales Thema die Forderung nach einem „neuen Menschen" und einer neuen Gesellschaft und zeigt Röhl damit in Übereinstimmung mit sozialrevolutionären Entwürfen, wie sie schließlich in der Folge der Novemberrevolution von 1918 im deutschen Nachkriegsexpressionismus weite Verbreitung fanden. Ekstatisch-vitalistische Aktfiguren recken sich in raumgreifender Gebärde der Sonne entgegen oder schreiten über Berggipfel himmelwärts (Kat. 12)[19] und lassen an „Übermensch"-Konzeptionen Nietzsches denken oder auch an den „Elan vital" Henri Bergsons, an Lebensreform-Ansätze im Spektrum von Freikörperkultur bis zum modernen Ausdruckstanz.[20] In tänzerisch-kraftvollem Gestus scheinen die Protagonisten alle Fesseln der Gesellschaft abgeworfen zu haben und sind allein den Grundkräften von Natur und Kosmos unterworfen.

Auch das Motiv der Verkündigung des Engels an Maria, das erstmals 1916 in einer Serie von Zeichnungen aufgenommen wird und bis 1921 wichtiges Element der Ikonographie Röhls bleibt, steht als Metapher für die erhoffte Geburt eines „neuen Menschen" (Kat. 11, Abb. 21).[21] Eine Besonderheit der Verkündigungsszenen Röhls ist der weibliche Engel, der als Aktfigur mit deutlicher Betonung des weiblichen Körpers ein bewußtes Abweichen von der christlichen Überlieferung darstellt.[22] Damit erfolgt eine doppelte Betonung des Weiblichen als Träger des Neuen; die Frau ist nicht mehr nur empfangender, passiver Part, sondern auch Verkünderin, nicht nur Austragende des Neuen, sondern zugleich der befruchtende neue Geist. Diese Ausklammerung des Mannes mag als provokante Kritik an der patriarchisch-autoritativen wilhelminischen Gesellschaft und dem ebenfalls männlich dominierten Krieg zu verstehen sein[23] und rückt Röhl in die Nähe von Verkündern des Matriarchats wie Otto Groß.[24]

Die Forderung nach einem neuen Menschen, einer neuen Welt bleibt zentrales Anliegen auch der Arbeiten der Nachkriegsjahre. So notiert Harry Graf Kessler über die Weimarer Künstlergruppe in seinem Tagebuch: „Sie suchen, wie Molzahn sagt, vor allem 'den neuen Menschen'."[25] Mit den Motiven der Verkündigung und des ekstatisch bewegten Menschen zwischen Erde und Kosmos wird auf bereits gefundene Formulierungen zurückgegriffen; daneben erfolgt jedoch als entscheidende Neuerung eine zunehmend abstrakte Umsetzung dieser Thematik.

Auffallendes ikonografisches Element der Arbeiten seit 1919 ist eine ausgeprägte kosmische Metaphorik als Träger sozialrevolutionärer Inhalte, wie sie auch im Werk Johannes Molzahns und Johannes Karl Herrmanns zu beobachten ist (Abb. 22, 23). Die Konzeption des Menschen der neuen Zeit definiert sich hier vor allem über sein Eingebundensein in die Ganzheit des Kosmos als dem göttlichen Plan, dessen übergeordneten Gesetzen allein er verpflichtet ist.[26] Das *Manifest des absoluten Expressionismus* Johannes Molzahns formuliert die Gedankenwelt, die den Arbeiten der Gruppe zugrundeliegt, wenn er schreibt:

„Das Werk - dem Wir - als Maler - Bildhauer und Dichter - verpflichtet - [...] ist kosmischer Wille - Glut der EWIGKEIT [...] Sonnen und Monde sind unsere Bilder [...] - zwischen Aufgang und Ende - Abgrund und Gipfel geworfen - ist uns kein Erbe - kein Besitz - den anzutreten lohnte. - Wir tragen die große Verheißung. [...] Auf Trümmern und Scherben bereiten wir das Werk - kämpfend wollen wir unseren Weg in die Sterne treiben. [...] Wir jubeln die Elemente mit denen wir ringen - die

uns schleudern und verzehren. - Die schlagende Energie der Pole - wie sie einander anziehen - und immer wieder abstoßen. - Die pulsenden Bahnen der Sterne - [...] Die bebend rotierende Erde - ihre Geschöpfe. - [...] Wir grüßen und singen den Weltinstinkt - das lebendige Ereignis im Menschen. - Ist es nicht unser elementarster Bruder, der uns da entgegenstürmt? Die große kosmische Welle - die ER dem Raum schleuderte [...] Dieses gewaltige Manifest - [...] wollen wir entfalten und über die pulsende Erde spannen - als das lebendige Symbol - kosmischen Willens - strahlender Energie rotierenden Geschehens [...]."[27]

Als hauptsächliches Element kosmischer Vorgänge begegnet hier die Bewegung, das „rotierende Geschehen", die Pole, die sich anziehen und abstoßen, „die große kosmische Welle" als Metaphern für den revolutionären Aufbruch und die Dynamik der „neuen Welt", in der die tradierten Formen aufbrechen zu offenen, beweglichen Strukturen. Den primär dynamischen Intentionen entsprechend stehen die Arbeiten der Gruppe vor allem dem italienischen Futurismus nahe, in dessen Nachfolge sie sich auch selbst verstanden, wenn etwa Röhl Johannes Molzahn als „den deutschen Boccioni" bezeichnet.[28] Deutlich wird dies bereits in den im März 1919 ausgestellten Arbeiten Röhls, deren kubo-futuristische Formsplitter vor allem über ein - zumeist zentrifugisches - Bewegungsmotiv organisiert sind (Abb. 20).

Eine Reihe figürlicher Tuschpinselzeichnungen der Jahre 1918 und 1919 demonstriert die Entwicklung der abstrakten Formensprache Röhls aus einer kürzelhaften Formverknappung. So zeigt eine Zeichnung des Jahres 1919 einen weiblichen Akt in tänzerisch-akrobatischer Bewegung, die auf eine große Sonne am oberen Bildrand gerichtet ist, in deren Strahlenkranz sich Gesicht und Oberkörper der Figur befinden (Kat. 17). Im Gegensatz zu den früheren Arbeiten wird jetzt die Bewegung der Figur von der gesamten Komposition aufgenommen in einer zentrifugisch kreisenden Bewegung, in der die Raumkoordinaten von „oben" und „unten" aufgehoben sind und Bäume, Berge, Mensch zu einem um die Sonne kreisenden Organismus werden, in dem alle Teile über ihren Bewegungszusammenhang zueinander in Beziehung stehen. Parallel zur Aufgabe eines zentralperspektivisch organisierten Bildraums erfolgt eine Reduktion der Bildelemente zu Formkürzeln, die ihre gegenständliche Bedeutung nur mehr über den Gesamtzusammenhang erhalten. Dieser Prozeß ist anschaulich an der Entwicklung der Darstellung von Bäumen zu beobachten: Ausgehend von der stilisierten Zeichnung eines kahlen Baums in den (bereits auf die Horizontangabe reduzierten) Landschaften der Arbeiten von 1916 entwickelt sich ein Baum-Symbol, das schließlich als autonomes Zeichen für „Landschaft" bzw. „Natur" steht, und etwa auf der beschriebenen Zeichnung von 1919 ebenso einen Baum wie - auf den Kopf gestellt - eine Bergkette bezeichnen kann.

Diese Formkürzel verselbständigen sich in einer Serie großformatiger Tuschpinselzeichnungen aus der ersten Hälfte des Jahres 1919 zu rhythmisch-linearen Kompositionen (Kat. 19-25, Abb. 19).[29] In sich wechselseitig überlagernden Schwüngen und Gegenschwüngen entstehen komplexe Bildorganismen, verzahnt in einem Bewegungszusammenhang, der die vielen heterogenen Richtungsimpulse vereint zu einem relativen Stillstand in einem reliefähnlichen Bildraum. In diesem schier unauflöslichen Geflecht von Bezügen und Gegenbezügen bildet sich ein zwischen Fläche und Räumlichkeit, zwischen Bewegung und Ruhe gleichsam oszillierender Gesamtorganismus - „lebendigst pulsender - dampfender Kosmos".[30] Diese Werkgruppe steht in engem Zusammenhang mit den im März/April ausgestellten

Ölgemälden Röhls, die ebenfalls einen ausgeprägt zeichnerisch-kalligrafischen Charakter aufweisen.

In der Dresdener Zeitschrift *Menschen* charakterisiert Doris von Mohl, die dem Kreis um Molzahn zugehörte und in engem Kontakt zu Röhl stand,[31] diese Tuschpinselzeichnungen als „Ausdruck seelischer und kosmischer Zusammenhänge", die „die Einheit von Natur und Geist, von Mensch und All" verkünden.[32] Sie stellen sich somit dar als individuell-seelische Reaktion auf das Welterleben, die als Ausdruck universaler Strukturen - unter der Voraussetzung der Parallelität seelischer und kosmischer Vorgänge - die Welt, den Kosmos als Ganzes beinhalten. Diese Zusammenhänge werden hier nun nicht mehr illustriert über die Darstellung des rhythmisch bewegten Menschen im dynamischen Gefüge des Kosmos, sondern der universelle Rhythmus allen Geschehens selbst ist Gegenstand der Komposition. Verwandte Vorstellungen finden sich in den Jahren 1918 und 1919 vor allem im Umkreis des „Sturm" in Arbeiten von Oswald Herzog, Oskar Fischer, Rudolf Bauer oder Hugo Händel, die das Bild der Zeitschrift in diesen Jahren wesentlich prägen. So schreibt Oswald Herzog im Mai 1919 im *Sturm* über den „abstrakten Expressionismus": „Es werden Objekte, die nicht der Natur entnommen aber der Natur verwandt sind. Die Einheit des allumfassenden Lebens - der Rhythmus - ergibt die Verwandtschaft."[33]

Als formale Anregung dieser Kompositionen bezeichnet Doris von Mohl die „Ornamentik der Wikinger" als „Urquell germanischer Kunst", auf die Röhl zurückgegriffen habe, da er den dekadenten Ausdrucksformen des Expressionismus, der in gewaltsamer Weise an das Naturerlebnis anknüpfe, überdrüssig sei.[34] Vergleichbar erscheint vor allem der Bildraum der Arbeiten Röhls in der „endlosen" Bewegung sich wechselseitig überlagernder Linienführung etwa mit nordischer Flechtornamentik oder keltischer Buchmalerei. In der Nachfolge Wilhelm Worringers begegnet hier eine Interpretation der abstrakt-ornamentalen „nordischen" Kunst als Versuch einer Darstellung transzendentaler Gesetzmäßigkeiten, die damit - analog zur Gotikrezeption des Expressionismus - als Kontrapunkt zur klassisch orientierten akademischen Maltradition instrumentalisiert werden kann.[35] Vermittelt wurde dieses Gedankengut im Kreis um Molzahn durch den Schriftsteller und Philosophen Ernst Fuhrmann, Geschäftsführer des Hagener Folkwang Verlags, dessen 1919 in der Reihe *Werke der Urgermanen* erschienene *Schwedische Felszeichnungen* im Nachlaß Röhls erhalten sind; verschiedene Elemente der Tuschpinselzeichnungen Röhls weisen eine starke Ähnlichkeit mit den fedrig-linearen Formen dieser Felszeichnungen auf.[36]

Eine weitere wesentliche Werkgruppe des Jahres 1919 bildet eine Reihe von Holzschnitten, die der Folge von 13 „Kompositionen" Röhls zuzurechnen sind, die Wilhelm Koehler 1919 für das Weimarer Museum erworben hatte. In hartem Schwarz-weiß-Kontrast entstehen Kompositionen, die wiederum im Ausgleich von Flächen- und Raumbezügen einen zwischen diesen Polen gleichsam vibrierenden Bildraum schaffen (Kat. 26-29). Bildgegenstand ist erneut das Beziehungsgefüge des Kosmos, dargestellt in rotierenden Gestirnen und explodierenden Sternen, die in eng verzahnten, gitterartigen Strukturen bis in kleinste Verästelungen hinein untereinander verbunden sind. Neben kosmischen Elementen sind teilweise auch menschliche Figuren assoziierbar, etwa in der an ein laufendes „Strichmännchen" erinnernden Form in der linken oberen Ecke eines Holzschnitts (Kat. 28).

Auffälliges Motiv dieser Arbeiten ist die Einführung flächiger, zeichenhafter Elemente, deren Formensprache auf die Beschäftigung Röhls mit germanischen

Runen weist, wie sie auch in seinem Entwurf für das Bauhaussignet im Juni 1919 und noch in den Zeichenfolgen der *Frankfurter Folgen* von 1926 sichtbar werden (Kat. 77-86). Als Repertoire mythologisch-kosmischer Symbole wie des „Sonnenrads" der Swastika werden sie zur Illustrierung der umrissenen Inhalte eingesetzt und markieren den Beginn einer Auseinandersetzung mit Zeichensystemen, die in der Folgezeit in zahlreichen Arbeiten zu beobachten ist. Ein weiteres in diesen Arbeiten eingeführtes Symbol ist der in eine schwarze und eine weiße Hälfte geteilte Kreis als vereinfachte Form des chinesischen Yin-Yang-Zeichens. Als Sinnbild der Einheit von männlichem und weiblichem Prinzip ergänzt er die Bildaussage einer Synthese der Gegensätze in der untrennbaren Einheit des Kosmos.

II. Karl Peter Röhl und das frühe Bauhaus in Weimar

Mit der Vereinigung der Weimarer Hochschule für bildende Kunst und der ehemaligen Kunstgewerbeschule Henry van de Veldes zum Staatlichen Bauhaus im April 1919 wurde Röhl Schüler des Bauhauses bis zum Frühjahr 1921.

Zu diesem Zeitpunkt hatte er seine künstlerische Ausbildung weitgehend abgeschlossen. Bereits 1914 war er zum Meisterschüler der Weimarer Hochschule ernannt und mit dem „Diplom für Malerei" ausgezeichnet worden.[37] Während des Krieges hatte er sich u. a. mit den Künstlern des „Sturm" in Berlin auseinandergesetzt und war nun im Verbund mit gleichgesinnten Künstlern in Kiel und Weimar ein Vertreter der radikalen „neuesten Kunst".

Mit der Weimarer Künstlergruppe um Johannes Molzahn nahm Walter Gropius bereits im Vorfeld der Bauhausgründung im Februar 1919 Kontakt auf. Seine Wertschätzung der jungen Künstler als Mitstreitende im Aufbruch der Kunsterneuerung belegt die Nachricht Robert Michels, wonach Gropius Bilder der Gruppe ausgeliehen hatte, um sie bei den ersten Besichtigungen des Bauhauses an die noch leeren Wände zu hängen und so seine künstlerischen Intentionen zu demonstrieren.[38] Auch auf die Berufung der Meister des Bauhauses nahm die Gruppe Einfluß in „häufigen und langen Diskussionen", in denen sie sich für die Künstler des „Sturm"-Kreises einsetzten;[39] zumindest die Berufung Georg Muches geht nachweislich auf die direkte Vermittlung Molzahns zurück.[40]

Wie sehr sich der Kreis um Molzahn als eigenständige Formation neben dem Bauhaus verstand, geht aus einem Schreiben Johannes Molzahns an Georg Muche im Oktober 1919 hervor, in dem er Muche, falls dieser nicht dem Ruf ans Bauhaus folgen wolle, als Alternative die Teilnahme an ihrer Arbeitsgemeinschaft und ein eigenes Atelier anbietet.[41] Auch die Aussage von Werner Gilles im Oktober 1919, er empfinde seine Beziehungen zum Bauhaus lediglich als formell und fühle sich eher den „Futuristen Molzahn, Herrmann, Roehl" nahe,[42] markiert deren Status als Gruppierung neben dem Bauhaus. Dennoch waren mit Ausnahme von Molzahn alle Künstler der Gemeinschaft zunächst Schüler am Bauhaus, auch die dessen „mittelalterlicher" Handwerksromantik kritisch gegenüberstehenden Ella Bergmann-Michel und Robert Michel. Vor allem die esoterischen Lehren Johannes Ittens lehnten sowohl Molzahn als auch Michel ab,[43] und als das Bauhaus die künstlerische Führung in Weimar zu übernehmen begann, löste sich die Künstlergemeinschaft allmählich auf. Im Laufe des Jahres 1920 verließen Robert Michel, Ella Bergmann-Michel und Johannes Molzahn Weimar;[44] Johannes Karl Herrmann und Doris von Mohl hatten sich bereits 1919, zusammen mit Hugo Hertwig und Johannes Auerbach, dem Kreis um Karl Ernst Osthaus in Hagen angeschlossen.[45] Karl Peter Röhl

dagegen identifizierte sich zunächst mit dem Programm von Walter Gropius wie auch mit den Lehrinhalten Johannes Ittens und wurde einer der maßgeblichen „Bauhäusler" der Anfangszeit.

Schon vor der Gründung des Bauhauses hatte sich Röhl in der „Freien Vereinigung" der Schüler der Kunsthochschule engagiert, aus der der Schüler-Ausschuß des Bauhauses hervorging, dessen Vorsitzender er zusammen mit Hans Groß zunächst wurde.[46] Gemeinsam mit anderen Studenten der ehemaligen Hochschule gehörte er zur tonangebenden Gruppe der ersten Zeit, die auch im Umkreis der Schülerzeitschrift *Der Austausch* aktiv war.[47]

Am Leben des Bauhauses nahm er regen Anteil und erscheint etwa in Lothar Schreyers Erinnerungen als Anführer der Bauhäusler und der „geliebte Scharfrichter in heiklen Bauhausangelegenheiten".[48] Freundschaftliche Beziehungen verbanden den kontaktfreudigen Röhl auch mit den Meistern des Bauhauses, so mit Lyonel Feininger, wie Briefe Feiningers zur Hochzeit Karl Peter und Alexa Röhls im Januar 1920 und zur Geburt des Sohnes Tülö im Oktober 1920, dessen Patenschaft er übernahm, belegen.[49] Zusammen mit Johannes Molzahn und Johannes Karl Herrmann beteiligte sich Röhl im Frühjahr 1920 mit einer Reihe seiner Holzschnitte an einer Ausstellung Feiningers und dessen Meisterschülern im Kunsthistorischen Seminar der Universität Marburg.[50] Ein kalligrafisches Widmungsblatt „Peter / Alexandra" Johannes Ittens, entstanden offenbar anläßlich der Hochzeit Karl Peter und Alexa Röhls, weist auf ein sehr persönliches Verhältnis auch zu Itten (Abb. 24). Eine besonders enge Freundschaft entwickelte sich zu dem Architekten Adolf Meyer, der als Mitarbeiter des Architekturbüros von Gropius außerordentlicher Meister am Bauhaus war.

In der Frühzeit des Bauhauses, als dessen Reformprogramm zunächst nur auf dem Papier bestand und sich der Lehrplan noch kaum von dem einer traditionellen Kunsthochschule unterschied, gehörte Karl Peter Röhl zu den Verfechtern einer neuen Kunst und wurde als solcher von Gropius in den Prozeß einer Neuorientierung gegenüber der traditionellen Hochschule, deren Schüler und Professoren das Bauhaus zunächst übernahm, einbezogen. Zeigte sich dies bereits in der erwähnten Ausstellung von Arbeiten der Molzahn-Gruppe im Bauhaus, so setzte Gropius in einer Rede anläßlich der ersten Schülerarbeitenausstellung im Juni 1919 weitere Akzente in diese Richtung. Hier bezog er erstmals deutlich Stellung in der überwiegend kritischen Beurteilung der gezeigten Werke und löste mit seinem Eintreten für die „extremste Kunst", die ein Zeichen der Zeit sei, eine Welle der Empörung aus.[51] Zu den wenigen von Gropius positiv herausgestellten Schülern gehörte Karl Peter Röhl, dem er „Gestaltungskraft und Temperament" bescheinigte, wobei allerdings noch abzuwarten sei, ob er sein Talent auch verdiene „und aus der Schwankung in Permanenz zu irgend einer Zielstrebigkeit kommen" werde; den „großen Sprung in die neue Zeit" schließlich sieht Gropius in der Ausstellung lediglich in den Arbeiten Röhls und Herrmanns vollzogen.[52] Die positive Bewertung der ausgestellten Arbeiten Röhls durch den Meisterrat führte zur Vergabe eines Stipendiums und zu einem Auftrag des Bauhauses für die farbige Gestaltung eines Schranks im Sekretariat.[53] Auch Lyonel Feininger bezieht sich vermutlich auf Karl Peter Röhl, als er im Mai 1919 schreibt, Weimar selbst unter Klemm und Engelmann habe bereits sein expressionistisches „Genie", „und wenn´s noch mehr von der Sorte unter den jungen Studierenden gibt, bin ich beruhigt [...]".[54]

Röhls Verhältnis zum Bauhaus ist am ehesten zu fassen als das einer Arbeitsgemeinschaft gleichgesinnter Künstler, analog zu der Künstlergruppen-Kultur des

Nachkriegsexpressionismus, in der Röhl wie auch Gropius als Vorsitzender des Berliner „Arbeitsrats für Kunst" sozialisiert waren. In diese Richtung weist auch die erwähnte Rede von Gropius im Juni 1919, wenn er fordert: „Keine großen geistigen Organisationen, sondern kleine geheime in sich abgeschlossene Bünde, Logen, Hütten, Verschwörungen, die ein Geheimnis, einen Glaubenskern hüten und künstlerisch gestalten wollen, werden entstehen, bis sich aus den einzelnen Gruppen wieder eine allgemeine große, tragende, geistig-religiöse Idee verdichtet, die in einem großen Gesamtkunstwerk schließlich ihren kristallischen Ausdruck finden muß."[55]

In ihrem gesellschaftsreformerischen Ansatz trafen sich die Überzeugungen Röhls mit dem Bauhausprogramm von Gropius, das mit dem „großen Bau der Zukunft" vor allem auch einen neuen Aufbau der Gesellschaft meint, in dem sich der „neue Mensch" entwickeln sollte.[56] Diese Übereinstimmung kommt im Entwurf des Bauhaussignets Karl Peter Röhls zum Ausdruck, das im schulinternen Wettbewerb vom Juni 1919 den ersten Preis erhielt und offizielles Signet bis 1921 wurde (Abb. 25).[57] Der Wettbewerb wurde per Stimmenmehrheit entschieden, „sicher in der Absicht, ein Gemeinschaftsbewußtsein unter den Bauhäuslern zu schaffen",[58] und zeigt damit Röhl als wichtige Integrationsfigur am frühen Bauhaus.

In einer komplexen Symbolsprache kombiniert Röhl hier Elemente seiner freien Arbeiten mit dem Programm des Bauhausmanifests von Walter Gropius. Den dort formulierten Gedanken eines „großen Baues", der „aus Millionen Händen der Handwerker einst gen Himmel steigen wird als kristallenes Sinnbild eines neuen kommenden Glaubens",[59] versinnbildlicht eine Pyramide, die von einem stilisierten Menschen zum Himmel gestemmt wird.[60] Die Füße des „Strichmännchens" ruhen rechts und links auf Sonne und Stern als Ausdruck des kosmischen Ursprungs alles Lebens, in dessen Kreislauf der Mensch eingebunden ist, in dem er wurzelt und zu dem er aufstrebt, umfangen von der äußeren Kreisform des Signets, des Symbols der Unendlichkeit und Vollkommenheit des Universums.[61] Den Kopf des „Männchens" wiederum bildet das chinesische Yin-Yang-Symbol, Sinnbild des dualistischen Kosmos in der Synthese der polaren Gegensätze des männlichen und weiblichen Prinzips. Sozusagen in „germanischer" Symbolik wiederholt dies der Körper der Figur in Form einer Anspielung auf die Rune des „Lebensbaums", die als Kombination einer „weiblichen" und „männlichen" Rune für eben jene Synthese steht.[62] Rechts und links der Figur befinden sich ein Sonnenrad und eine gefiederte lineare Form, die Röhl in einer erläuternden Skizze aus den 60er Jahren als Symbole für „Bewegung" und „Ruhe" bezeichnet,[63] und die sich damit als Gegensatzpaar dem Gesamtprogramm einer Synthese der Gegensätze in der Ganzheit des Universums eingliedern.

In der formalen Anspielung des Signets auf Bauhüttenzeichen des Mittelalters wiederum verbindet sich dieser Weltentwurf mit dem Vorbild der mittelalterlichen Dombauhütte als Leitmotiv des frühen Bauhauses.[64] Dies bezog sich nicht nur auf das Organisationsmodell der Bauhütte, nach deren Vorbild „in neuen Lebens- und Arbeitsgemeinschaften aller Künstler untereinander" der „Freiheitsdom der Zukunft" vorbereitet werden sollte,[65] sondern auch auf die Forderung nach einer „Gemeinsamkeit im Geistigen des ganzen Volkes",[66] wie sie als Grundlage für das Gesamtkunstwerk der gotischen Kathedrale angenommen wurde. Auf der Suche nach allgemeinverbindlichen Gestaltungsgrundlagen beschäftigte sich Gropius um 1919 intensiv mit gotischen Proportionslehren, aus denen er u. a. als Kernthese ableite-

te, daß jedem echten Werk der Baukunst eine geometrische Grundfigur unterliege wie auch das „Urmaß" des menschlichen Körpers[67] - im Signet Röhls bildhaft umgesetzt im Dreieck als konstituierender Grundform sowohl des Menschen als auch der Architektur.

Im weiteren Sinne läßt sich das Signet damit auch in Analogie setzen zum „Bauhüttenschlüssel", der alle Maße und Proportionen bestimmenden Grundfigur, deren Kenntnis nur innerhalb der Steinmetzzunft als gehütetes Wissen weitergegeben werden durfte[68] - sozusagen als symbolischer Manifestation des von Gropius postulierten „Glaubenskerns", den die Gemeinschaft des Bauhauses hüten sollte. Die Swastika scheint auch Gropius als eigenes Zeichen erwogen zu haben und entwarf etwa als Titelvignette der „Ausstellung unbekannter Architekten" Anfang 1919 ein Dreieck mit darübergelegter linksdrehender Swastika, umgeben von 7 kleineren Dreiecken; ein ähnliches Signet findet sich ebenfalls auf einem der Baueingabepläne zum Haus Sommerfeld.[69] Auch die in Röhls Signet angelegte kosmische Bedingtheit dieser Gesetzmäßigkeiten vollzieht Gropius noch um 1922, wenn er schreibt, um raumkompositorische Gesetzmäßigkeiten zu finden, müßten Intuition und Mathematik, reale und transzendentale Gesetzmäßigkeiten zusammenkommen, Individuum und Kosmos in ständigem Austausch stehen.[70]

Den „neuen Menschen" sah Röhl in Übereinstimmung mit zahlreichen Künstlern und Intellektuellen im Gesellschaftsentwurf des Kommunismus verwirklicht und beteiligte sich im Winter 1919 an der radikalkommunistischen Erfurter Zeitschrift *Prolet*. Hier gestaltete er im November und Dezember drei Titelblätter mit Fahnen und Äxte schwingenden Revolutionären und einem Selbstbildnis als Revolutionär (Abb. 26).[71]

Hatte er vermutlich schon im Sommer 1919 an der Flugblattaktion des „Oberdadas" Johannes Baader in der Weimarer Nationalversammlung teilgenommen, mit der dieser gegen den „konterrevolutionären" Kurs der verfassungsgebenden Parteien demonstriert hatte,[72] so bezog er jetzt in einem begleitenden Text zu der Zeichnung einer *Germania* deutlich Stellung gegen die „Mehrheitssozialisten", die den Matrosenaufstand und die Revolution verraten hätten: „Diese Germania gezeugt von den Mehrheitssozialisten / tötete die Marloh Matrosen! [...] Proleten!!! Revolutionäre / Schlagt diese Hure zusammen!"[73]

Während die ersten Zeichnungen noch nicht namentlich signiert und nur mit seinem Signaturzeichen versehen waren,[74] erschien im Januarheft Röhls Name im Inhaltsverzeichnis als Urheber der Zeichnung *Germania* und bot damit eine Zielscheibe der gegen das Bauhaus opponierenden konservativen Parteien, die dem Bauhaus kommunistische Umtriebe vorwarfen. Im Winter 1919/20 erreichte die politische Auseinandersetzung um das Bauhaus einen ersten Höhepunkt und führte im Dezember 1919 zu dem Verbot jeder politischen Betätigung der Studierenden unter Androhung des Ausschlusses vom Bauhaus.[75] Gropius, der in dieser Situation bemüht war, das Bauhaus politisch neutral zu halten, reagierte in einem Brief an den frischverheirateten Röhl nach Ostpreußen im Februar 1920 auf die Zeichnung der *Germania*, in dem er seiner Bestürzung über diese „arge Entgleisung" Ausdruck verleiht: „Das passt nicht zu Ihnen, der Sie mit Liebe wirken wollen [...] Nun liefern Sie den Gegnern neue und gefährliche Waffen in die Hände."[76] In einer Stellungnahme des Jahres 1920 verteidigte Gropius schließlich Röhl, der die Tendenz jener Zeitung nicht gekannt habe: „Röhl gilt allgemein als ein hervorragend begabter, phantasievoller, außerordentlich anregend wirkender Mensch. Seine Personalakten enthalten die günstigsten Zeugnisse über ihn."[77]

Die Teilnahme Karl Peter Röhls an Unterricht und Werkstättenarbeit des Bauhauses läßt sich nur mehr bruchstückhaft rekonstruieren, da seine Schülerakte nicht erhalten ist. Belegt ist lediglich seine Zugehörigkeit zur Klasse Johannes Ittens im Winterhalbjahr 1919,[78] der als einflußreichster Bauhausmeister der ersten Jahre den Aufbau des Bauhauses entscheidend prägte, und dessen Unterricht Röhls künstlerische Entwicklung in den Jahren 1920 bis 1921 wesentliche Anregungen verdankte. Neben der künstlerischen Leitung eines Großteils der Werkstätten entwickelte Itten vor allem mit seinem als „Vorlehre" berühmt gewordenen Unterricht einen zentralen Bestandteil der Bauhauspädagogik.[79] Mit dem Unterricht Ittens begann das reformpädagogische Programm des Bauhauses erst eigent-

Abb. 27
Karl Peter Röhl, Komposition, um 1919
(Öl/Lwd., verschollen).
Foto KPRS Weimar.

lich Gestalt anzunehmen, zumal auch die geforderte Verbindung von Werkstattarbeit und künstlerischem Unterricht mangels eingerichteter Werkstätten zunächst nur in der Theorie bestand. Röhl selbst charakterisiert seine Zeit am Bauhaus rückblickend als freischaffende Tätigkeit im Austausch mit Schülern und Meistern.[80] Tatsächlich wurde den Meisterschülern und fortgeschrittenen Studenten der ehemaligen Kunsthochschule als „Jungmeistern" am frühen Bauhaus eine Sonderstellung im Bereich der freien Kunst eingeräumt, die erst im Laufe der Jahre einem strafferen Lehrplan mit obligatem Vorunterricht und festgelegtem Werkstattpensum wich.[81]

Die erhaltenen Werke Röhls aus den Jahren am Bauhaus umfassen fast ausschließlich Arbeiten auf Papier und demonstrieren die Nutzung der Druckerei-Werkstatt des Bauhauses für seine freien künstlerischen Arbeiten in Folgen von Holzschnitten, Radierungen und Lithografien;[82] daneben entstanden Zeichnungen und Aquarelle sowie Ölgemälde, die jedoch nur in Fotografien überliefert sind (Abb. 27, 30).

Eine Ausnahme bildet eine Holzskulptur, die - gefertigt aus einem Treppengeländer-Baluster - in die Frühzeit der Holzbildhauereiwerkstatt verweist, als aus Materialmangel beispielsweise auch eine Skulptur Theo Müller-Hummels aus einem hölzernen Propellerflügel entstand.[83] In vielfarbig gefaßter Kerbornamentik nimmt sie Elemente der Arbeiten des Jahres 1920 auf und zitiert in ihrer an ein „Totem" erinnernden Gestaltung „primitive" exotische Kunst Afrikas und Südamerikas, wie sie auch in den „Masken" zweier Holzschnitte von 1921 anklingt (Kat. 45, 46).

Fälschlich zugeschrieben werden Karl Peter Röhl zwei Bauhaus-Drucksachen: eine Einladung zur Feier des Staatlichen Bauhauses im Deutschen Nationaltheater 1920 und ein Werbeblatt für die „Bauhaus-Abende", ebenfalls um 1920, wie aus einer Erklärung Röhls aus den 60er Jahren hervorgeht, der Adolf Meyer als den Urheber beider Arbeiten ausweist.[84] Auch ein Einladungsblatt zum Drachenfliegen (um 1921)[85] ist nicht Röhl, sondern vermutlich Franz Singer zuzuschreiben.[86]

Karl Peter Röhl und Johannes Itten

Von besonderer Bedeutung wurde für Karl Peter Röhl am Bauhaus der Unterricht Johannes Ittens, dessen Klasse er zumindest im Wintersemester 1919 angehörte.

In der künstlerischen und weltanschaulichen Konzeption Ittens finden sich zahlreiche Parallelen zu Vorstellungen, wie sie bereits in Röhls Arbeiten der ersten Jahreshälfte sichtbar werden. Wesentlich geht dies auch auf den Stuttgarter Kreis um Adolf Hölzel zurück, dessen Schüler sowohl Itten als auch Otto Meyer-Amden, dem der Kreis um Molzahn entscheidende Anregungen verdankte, waren. Ist die Kontrastlehre Hölzels zunächst auf bildnerische Gesetzmäßigkeiten bezogen, so übertragen Itten wie Meyer-Amden dies auf weltanschauliche Vorstellungen eines dualistischen Universums, das sich konstituiert in einer Synthese der polaren Gegensätze.[87] Dieses Weltgefüge bestimmt auch das Bild in analoger Gestaltung, in dem Versuch, im Kunstwerk das Wesen des Göttlichen zu fassen. Ausgehend von der Prämisse, daß das Göttliche, ungeteilte Eine dem Menschen nur über die Wahrnehmung der Polarität erfahrbar ist, gilt auch für die Bildgestaltung die Forderung, über die Darstellung der Gegensätze und ihren Ausgleich im Bildganzen zu einer Synthese zu gelangen - über die Darstellung der Vielheit und ihren kontrapunktischen Ausgleich nähert der Künstler sich der göttlichen ursprünglichen Einheit.

Dies gilt auch für die Darstellung der Bewegung, in der sich nach Ittens Auffassung das Göttliche am reinsten offenbart, und demzufolge jedes Kunstwerk ein in sich ausgewogener, lebendig-bewegter Organismus sein muß.[88] Hier werden deutliche Parallelen sichtbar zu Röhls Arbeiten etwa der Tuschpinselzeichnungen des Frühsommers, deren „endlose" Bewegungs-Schlaufen dem gleichen Prinzip folgen wie Ittens „bandräumliches" Kompositionsprinzip einer Verschachtelung von Flächen- und Raumwirkung.[89] Auch im Topos der Darstellung des universellen Gefüges im Ausgleich der Gegensätze, in der Synthese der Vielheit und Bewegtheit der Einzelformen, zeigt sich eine strukturelle Übereinstimmung mit Arbeiten Röhls bereits der ersten Jahreshälfte.

Der Unterricht bei Johannes Itten bot Röhl damit die Auseinandersetzung mit einem Künstler, der wesentlich ähnliche Intentionen verfolgte, diese jedoch bereits zu einem künstlerisch wie theoretisch-philosophisch durchdachten System entwickelt und damit eine Durchdringung von Idee und Werk erreicht hatte, die ihn dem eher emotional als intellektuell veranlagten Röhl zum Lehrer und „Meister" werden lassen konnte. Hier fand Röhl offenbar überzeugende Antworten auf eigene Fragestellungen, so daß die Arbeiten des Jahres 1920 einerseits einen deutlichen Einfluß Ittens zeigen bis hin zur Übernahme einzelner Motive, andererseits diese Anregungen zu einer folgerichtigen Weiterentwicklung eigener Ansätze verarbeiten.

Deutlich wird dies unter anderem in einer 1920 entstandenen Folge von Radierungen, die mit dem Motiv der Spirale ein zentrales Element von Ittens Formensprache aufnehmen (Kat. 30-33).[90] Auch Bildraum und Komposition sind vergleichbar etwa mit einer Lithografie Ittens des Jahres 1919, die in ähnlicher Weise ein Bezugssystem aus Kreis- und Spiralformen in einem linear verschränkten Bildraum zeigt (Abb. 28, vgl. Kat. 33). Diese Verschränkung setzt sich fort in der Staffelung der Raumwirkungen, der Hell-Dunkel-Kontraste, kleinen und großen Formen, gleichmäßigen und strukturierten Flächen, die auch in Röhls Radierungen zu beobachten ist.

Ebenso sind hier jedoch eigene frühere Arbeiten assoziierbar im zentrifugischen Bewegungszusammenhang eines Geflechts heterogener Einzelformen und Richtungsimpulse, das mit Sternen und Sonnen auch die kosmische Metaphorik der Arbeiten des Jahres 1919 fortsetzt.

Vor allem von der Kontrast- und Strukturlehre Ittens zeigt sich Röhl nachhaltig beeinflußt. Material- und Texturstudien als Übungen zur Wahrnehmung optischer und haptischer Qualitäten waren wichtiger Bestandteil von Ittens Unterricht und finden ihren Niederschlag in der Einführung unterschiedlich strukturierter Flächenelemente, die charakteristischer Bestandteil aller Arbeiten des Jahres 1920 Karl Peter Röhls sind. Anschaulich macht dies etwa ein Vergleich eines Entwurfs von Gunta Stölzl mit einer aquarellierten Federzeichnung Röhls, die in eng verwandter Formensprache Elemente der Strukturlehre Ittens aufnehmen (Kat. 39, Abb. 29).

Auch die Auseinandersetzung mit Symbolen und Zeichensystemen, die sich bereits in Röhls Arbeiten des Frühsommers abzeichnet, erfährt zusätzliche Impulse über Johannes Itten, dessen Arbeiten der Weimarer Zeit ebenfalls eine Wendung zu symbolhaften Gegenständen aufweisen.[91] Im Tagebuch des Jahres 1920 notiert Itten zahllose Symbolreihen, von astrologischen Zeichen über alchemistische Geheimschriften bis zu ägyptischen Hieroglyphen.[92] Diesem Kontext ist möglicherweise auch die Entstehung des Signaturzeichens Karl Peter Röhls zuzuordnen, das sich aus dem astrologischen Symbol des Planeten Uranus ableitet und ab 1920 fester Bestandteil der Signatur Röhls wird (vgl. Abb. 26).[93] Johannes Itten hatte im Sommer 1919 ebenfalls ein Symbol entworfen, das er in seinem Tagebuch als „mein Zeichen" betitelt, und das in seinem Gratulationsblatt zur Hochzeit Karl Peter und Alexa Röhls im Januar 1920 als Bildsignatur gesetzt ist (Abb. 24).[94]

Deutlich wird der Einfluß Ittens auf eine verstärkte Wendung Röhls zu zeichenhaften Bildelementen in einer Folge von Lithografien des Jahres 1920 (Kat. 36-38). Thema bleibt die Darstellung eines universellen Weltgefüges, das hier als ein dichtes Geflecht zeichenhafter Formen in feinsten Abstufungen von großen, übergeordneten Strukturen bis in kleinste Ritzungen begegnet. Dabei werden neben kosmischen Motiven - kreisenden Gestirnen, Sonnenrädern und immer wieder dem Uranussymbol seines Signaturzeichens - nun auch „irdische" Elemente aufgenommen in vegetabilen Formen oder Wellenbändern als Zeichen für Wasser; daneben erscheinen auch menschliche Figuren als „Strichmännchen". Angesichts dieser Fülle gegenständlicher Assoziationen wird eine Tagebuchstelle Ittens gegenwärtig, der 1919 schreibt: „Ich habe manchmal das Gefühl, als ob ich alle Dinge der Erde und des Himmels in ihren unendlichen Formen und Beziehungen auf einmal darstellen sollte in einem riesenhaften Werk. Vielleicht will ich auch dadurch nicht die Dinge, sondern das Gefühl der Unendlichkeit darstellen."[95] Der Titel eines Blattes dieser Folge *Gebet an Gott* (Kat. 37)[96] verweist ebenfalls auf ähnliche Gedanken Ittens über die Berufung des Künstlers, in seinen Werken das Göttliche als den Urgrund der menschlichen Existenz zu fassen: „Der Künstler ist ein Werkzeug Gottes, ein Werkzeug, durch das ER werden lässt."[97] Der Formenbestand verdankt sich offensichtlich einer Beschäftigung mit hieroglyphischen Schriftsystemen, analog derer auch hier stellenweise eine lineare Reihung einen Handlungsablauf andeutet, und die zum Teil unmittelbar auf altägyptische Hieroglyphen zurückzugehen scheinen, wie sie in Ittens Tagebuch notiert sind.[98]

Eine Beurteilung des Einflusses farbtheoretischer Vorstellungen Ittens auf die Farbgestaltung Röhls wird erschwert durch die wenigen erhaltenen farbigen Arbeiten dieser Jahre, doch zeichnet sich auch hier eine Aufnahme Ittenscher Gestaltungsprinzipien ab. So zeigen die farbigen Tuschpinselzeichnungen des Jahres 1919 noch eine Beschränkung auf wenige Farben, der in den Arbeiten von 1920 eine betonte Vielfarbigkeit gegenübersteht (Kat. 34, 35, 39), die auf das Bestreben Ittens zurückgeführt werden kann, in seinen Werken möglichst alle Farben in ihrer Gegensätzlichkeit zu vereinen und sich damit in der Darstellung der Vielheit dem „Weiß", dem Nichts des ungeteilten Ganzen anzunähern.[99]

Ein Aquarell Röhls des Jahres 1920 zeigt nahe Verwandtschaft in Farbgebung und formalem Aufbau mit Arbeiten Ittens der Jahre 1918/19, etwa dem Gemälde *Aufstieg und Ruhepunkt*,[100] das in der Kombination „aller" Farben das kontrapunktische Prinzip von Kontrast und Ausgleich in einer prismatischen Flächengliederung fortsetzt (Kat. 34).

Dieses farbkompositorische Prinzip kennzeichnet auch ein weiteres Aquarell des gleichen Jahres, das eine Vielzahl von Komplementärfarben zu einer harmonischen Gesamtwirkung fügt (Kat. 35). Im mosaikartigen Bildaufbau aus diffusen Farbfeldern, dem zeichenhafte Elemente vorgeblendet sind, erinnert dieses Blatt darüber hinaus an Arbeiten Paul Klees, der seine Lehrtätigkeit am Bauhaus zwar erst im Januar 1921 aufnahm, jedoch bereits Anfang 1920 zusammen mit Johannes Molzahn im Kunstverein Jena ausgestellt hatte, und von dessen Kompositionen offensichtlich eine ganze Aquarellfolge Röhls des Jahres 1920 angeregt ist.[101]

Eine Einzelausstellung mit Zeichnungen und Radierungen Klees im Kunstverein Jena folgte im Sommer 1920 und mag auch die Radierungen Röhls desselben Jahres beeinflußt haben (vgl. Kat. 30).[102]

Vor allem die Forderung nach einem neuen Menschen, wichtiges Anliegen der ersten Bauhausjahre, die im Zeichen utopischer sozialreformerischer Visionen standen, und die in der Gedankenwelt Röhls wie auch Gropius' begegnet, fand ihre intensivste Umsetzung bei Johannes Itten, der „die Wandlung zum neuen Menschen mit großer Inbrunst vor allem an sich selbst" vollzog.[103] Sein ganzheitliches Unterrichtskonzept schloß Gymnastik- und Atemübungen ein und zielte neben der künstlerischen Ausbildung auf eine Unterstützung der Persönlichkeitsbildung seiner Schüler. In diesem Zusammenhang wurde in den Jahren am Bauhaus die auf dem altpersischen Zoroastrismus gründende Mazdaznan-Lehre immer wichtiger für ihn, die auf eine höhere Entwicklung des Menschen gerichtet war. Inwiefern auch Röhl von diesen Vorstellungen beeinflußt wurde, ist schwer einzuschätzen. Insgesamt jedoch lassen seine Figurenbilder der Jahre 1920 und 1921 eine mehr kontemplative Konzeption des „neuen Menschen" erkennen in statischen Figuren, die meditativ in sich ruhen, ihren Mittelpunkt in sich gefunden zu haben scheinen, statt exzentrisch zum Kosmos zu streben.[104] Nicht mehr die ekstatische Bewegung zur Sonne wird verkörpert, sondern diese begleitet den Menschen in der Art einer Gloriole hinter seinem Kopf, umgeben von weiteren kosmischen Symbolen. Dargestellt ist somit nicht mehr allein die Forderung nach dem „neuen Menschen", sondern der nunmehr in Harmonie mit den universellen Kräften befindliche „neue Mensch" selbst, den Röhl möglicherweise in der ganzheitlichen Konzeption Johannes Ittens umgesetzt sah. In diese Richtung deutet auch der Titel eines Holzschnitts des Jahres 1921, der das gleiche Motiv zeigt wie ein in einer Fotografie überliefertes Gemälde desselben Jahres (Abb. 30) und die kniende weibliche Figur benennt als „Weibliche Elite", als den Menschen also, der bereits eine höhere Ebene erreicht hat.[105]

Die „Verbindung zum Bau"

Neben seiner freien künstlerischen Tätigkeit hat Röhl offenbar in der Werkstatt für Wandmalerei gearbeitet; eine genaue Bestimmung seiner dortigen Tätigkeit ist jedoch anhand der vorhandenen Unterlagen nicht möglich.

Bereits in seiner Rede zur Schülerarbeitenausstellung im Juni 1919 bemerkt Gropius zu den Arbeiten Röhls und Johannes Karl Herrmanns, er sehe, „und das ist mir besonders interessant, die Verbindung zum Bau, die sich in absehbarer Zeit zwischen den Künsten wieder vollziehen muß".[106] Tatsächlich finden sich im Schaffen Röhls zahlreiche Beispiele für eine Anwendung seiner freikünstlerischen Arbeit im Bereich der Architektur, etwa in der Ausmalung des Weimarer Residenztheaters 1921,[107] gefördert besonders auch im Zusammenhang mit der „Stijl"-Bewegung und deren Forderung nach einer Synthese von Malerei und Architektur. Im Rahmen seiner Frankfurter Lehrtätigkeit seit 1926 unterrichtete Röhl unter anderem „Farbige Raumgestaltung" und leitete die Ausmalung eines Frankfurter Jugendheims, daneben gestaltete er die Glasfenster der Frankfurter Friedenskirche.[108]

Bereits im Frühsommer 1919 war die Mitarbeit Röhls an der Ausmalung einer Berliner Kirche geplant, zusammen mit dem Bauhausschüler Hans Groß, die jedoch daran scheiterte, daß dem Auftraggeber, dem Berliner Kommerzienrat Adolf Pochwadt, die im Weimarer Museum am Karlsplatz im März/April ausgestellten

Arbeiten von Röhl und Groß mißfielen. Aufschluß darüber gibt ein Brief Pochwadts an Walter Gropius im Mai 1919, der die oppositionelle Haltung der konservativen Kreise Weimars gegenüber der von Gropius favorisierten „extremsten Kunst" illustriert und diesen warnt, daß die Ausstellung der „Gruppe II", „und zwar gerade die Machwerke des Röhl und Gross in den sehr kunstverständigen Kreisen Weimars einen Sturm der Entrüstung hervorgerufen haben. [...] Ich weiß aus zuverlässigen Quellen, dass im Landtag ein Vorstoß stattfinden soll [...] der jede weitere Unterstützung der Hochschule unmöglich macht, [...] solange als die gerade jetzt von Röhl und Gross gezeigten Formen anhalten und gepflegt werden sollen."[109]

Gropius selbst hatte dagegen einen Raum seiner Privatwohnung von Karl Peter Röhl ausmalen lassen, wie aus einem Meisterratsprotokoll des Bauhauses von 1922 hervorgeht, das jedoch keinen Hinweis auf den Zeitpunkt der Entstehung und den ausgeführten Entwurf gibt.[110]

Röhl wurde demnach von Gropius als Künstler auch im Bereich der Wandmalerei geschätzt, deren technische Grundlagen er in seiner Lehre als Dekorationsmaler erworben hatte, womit er der vom Bauhaus geforderten Verbindung zwischen Künstler und Handwerker entsprach. In dieser Eigenschaft gehörte Röhl vermutlich zu der Gruppe von Schülern, die im Mai 1920 in Ermangelung eines „in technischer und auch künstlerischer Beziehung geeigneten Vorstehers" die Leitung der Werkstatt für Wandmalerei in Verbindung mit dem Werkmeister Heidelmann übernommen hatte.[111] Einen konkreten Hinweis darauf gibt eine Schilderung der Bauhäuslerin Lou Scheper, Lehrling in der Wandmalerei, über die Ausmalung der Bauhauskantine: „In der Frühzeit der Werkstatt mischte sich, wie überall im Hause, auch hier das Spiel in die Sachlichkeit der Aufgabe. So bei der Ausmalung der Kantine (im Mai 1920), deren Wände und Deckenkonstruktionen bis in die letzten, nur mit farbgetränkten hochgeschleuderten Schwämmen erreichbaren Ecken als Tummelplatz bewegter Ornamente in kleinstem Format und heiterster Farbigkeit dienten. Wir malten und spritzten in Gemeinschaftsarbeit - von Peter Röhl entfesselt - mit Lust und schlechtem Gewissen, denn wir waren uns bewußt, daß unser Tun gänzlich unfunktionell sei. Unangemessen einem Raum, in dem man essen und sich entspannen sollte. Und das geschah, während bereits die Kenntnis der psychologischen Wirkung der Farbe sich herumzusprechen begann und im Bauhaus methodisch untersucht wurde! Itten, der Gesetzgeber, verlangte, unseren expressiven Überschwang ablösend, ein freudloses Graugrün der Kontemplation als Hintergrund für einen fernöstlichen Sinnspruch, der uns beim Essen erziehen sollte."[112]

Johannes Itten, Formmeister auch der Wandmalerei, hatte sich heftig erregt über diese in seinen Augen unverantwortliche Aktion und betrachtete das Experiment einer gemeinsamen Leitung durch eine Gruppe von Schülern offensichtlich als mißlungen.[113] Die wenigen überlieferten Wandgestaltungen unter der künstlerischen Leitung Ittens demonstrieren seine Konzeption einer einheitlichen Raumgestaltung auf der Grundlage der Primärformen, beispielsweise in der Ausmalung des Oberlichtsaals des Bauhauses 1920, dessen Stirnwände von konzentrischen Kreisen in farbiger Abstufung von hell nach dunkel eingenommen wurden, während der übrige Raum dunkelpurpurn gehalten war.[114] Der symbolisch-feierliche Charakter dieser Wandgestaltung steht in denkbarem Gegensatz zu der spontanen, Happening-artigen Ausmalung der Kantine, und in diesem Konflikt wird die Grundlage zu der im folgenden sich abzeichnenden Entfremdung Röhls von Itten wie auch vom Bauhaus zu suchen sein. Hatte Röhl zunächst die Position eines geschätzten fortge-

schrittenen Studenten, eines Jungmeisters, der etwa auch die Wohnung des Direktors selbst ausmalen durfte, so ist er an den weiteren Projekten der Wandmalereiwerkstatt offenbar nicht mehr beteiligt.[115] Statt dessen erwägt Gropius im September 1920, die Leitung der Werkstatt dem Studierenden Franz Skala zu übergeben.[116] Die Arbeiten der Bauhaus-Wandmalerei im „Haus Sommerfeld", dem ersten Gemeinschaftsprojekt des Bauhauses, leitet schließlich im Frühjahr 1921 der Bauhäusler Hinnerk Scheper, der auch später am Dessauer Bauhaus als Jungmeister dieser Werkstatt vorsteht.[117]

Von Röhl selbst ist keine Stellungnahme im Konflikt des Herbstes 1920 der Schüler mit dem „Gesetzgeber" Itten erhalten; sein engeres Umfeld dagegen zeigt anschaulich die Reaktion der älteren Schüler auf die zunehmende Straffung und „Verschulung" des Lehrplans, die mit der Einführung des obligaten Vor- und Formunterrichts den Einfluß Ittens zementierte. So wirft etwa der mit Röhl eng befreundete Werner Gilles, der auch bereits die Vorkriegshochschule besucht hatte, Itten vor, daß er die Schüler vergewaltige, und der ebenfalls ihrem Freundeskreis zugehörige Fritz Peretti lehnt die Teilnahme am Formunterricht Georg Muches mit der Begründung ab, er fände es unmöglich, wie man der Ansicht sein könne, lehren zu können, da es heute keine Lehrer, sondern nur ein gemeinsames Suchen gäbe.[118]

Dies illustriert auch ein Brief von Johannes Molzahn an Röhl im November 1920, dessen ironisch-kritischer Kommentar offenbar auf entsprechende Schilderungen Röhls vom Bauhaus antwortet:

„[...]Was macht die Revolution? - Hoffentlich macht Herr Itten seine Kraftproben weiter mit dem gewohnten Erfolg -. Er wird Euch - wenn nichts anderes hilft - die Hosen aufblasen -. Oder - er wird Euch - als Christbaumschmuck - in seine Glas & Spiegelturm Industrie einmontieren - oder dort einsperren - Herr Muche wird Euch dazu aus der Bibel vorlesen - und einen Psalm nach dem anderen vorsingen - wenn er singen kann -. Nun - ich will Euch nicht weiter ängstigen. - Es wird schon wieder besser werden! Grüß den Gilles [...]."[119]

Die „Revolution" scheiterte, und mit der Einführung des neuen Lehrplans oblag Itten von der Vorlehre bis zur Werkstattarbeit praktisch die gesamte Ausbildung.[120]

Vermutlich auch in Reaktion darauf wechselte Röhl im April 1921 schließlich zu der Staatlichen Hochschule für bildende Kunst, die von den konservativen Professoren der ehemaligen Hochschule in Konkurrenz zum Bauhaus wiedererrichtet worden war. Diese Entscheidung erklärt sich aus der Situation Röhls am Bauhaus, aus dessen Rahmen er zunehmend herausfiel: Weder wollte er sich als nunmehr 30jähriger Künstler einem zunehmend strafferen Unterrichtsschema unterordnen, noch hatte er wie etwa Josef Albers oder Ludwig Hirschfeld-Mack in einer leitenden Funktion Fuß fassen können. Die Sonderstellung der freien Kunst, die am Bauhaus allmählich abgebaut wurde, war an der Hochschule für bildende Kunst gesicherte Tradition, und hier war Röhl bis zu seinem Weggang aus Weimar 1926 Meisterschüler Walther Klemms und Inhaber eines von der Hochschule finanzierten Ateliers[121] - in der katastrophalen wirtschaftlichen Situation dieser Jahre ein nicht zu unterschätzender Faktor für einen freischaffenden Künstler.

Der Wechsel zur traditionell-akademisch ausgerichteten Hochschule war jedoch nur formaler Natur und entsprach keiner Übereinstimmung mit der dort vertretenen Kunstauffassung; vielmehr kennzeichnet die Arbeiten der Folgezeit

eine Orientierung in Richtung konstruktivistischer Tendenzen, die mit dem vielerorts postulierten „Ende des Expressionismus" zunehmend Bedeutung erlangten und damit die Wende des Bauhauses zur „Einheit von Kunst und Technik" vorausnehmen, die 1923 mit der Berufung László Moholy-Nagys als Nachfolger Johannes Ittens forciert wird. Eine Reihe von Arbeiten des Jahres 1921 orientieren sich an den prismatisch konstruierten Werken Lyonel Feiningers, wie Röhl rückblickend berichtet (Abb. 31).[122] Mit Lineal und Zirkel entstehen Zeichnungen, die ähnlich Feiningers architektonischen Gemälden eine Durchdringung von Fläche und Raum anstreben und etwa in einer an eine Turmspitze erinnernden Form an dessen Kirchenbilder denken lassen (Kat. 50). Letztlich bleibt Röhl auch hier seinem Grundthema eines universellen Strukturgefüges treu, in dem die Wechselbeziehungen der einzelnen Elemente und ihre Verbindung zueinander untersucht werden (Kat. 49).

Auch die figürlichen Arbeiten dieses Jahres, die er in einem Brief an seine Frau Alexa als neue schlichte Arbeiten charakterisiert,[123] sind nun in ihrem flächigen Aufbau in strengem Schwarz-weiß-Kontrast stärker formalisiert und von kleinteiligem Beiwerk weitgehend entkleidet (Kat. 47). In diesen Arbeiten begegnet erneut das vertraute Thema der Suche nach einem „neuen Menschen", wiederum illustriert in zahlreichen Verkündigungsszenen. Wie sehr dieses „expressionistische" Anliegen auch den konstruktiveren Arbeiten zugrundeliegt, macht ein Holzschnitt des Jahres 1921 deutlich, der - gleichsam als Synthese beider Bereiche - in eine figürlich-gegenständliche und eine geometrisch-konstruktive Hälfte gegliedert ist (Kat. 48).

Bildgegenstand ist wieder das Motiv der Verkündigung des Engels, der als stilisierter weiblicher Akt rechts im Vordergrund kniet und den Arm im Redegestus erhoben hat. Empfänger seiner Botschaft ist nun aber nicht mehr eine zweite Frauengestalt, sondern ein schwarzes Quadrat, das in der linken Bildhälfte eine zwischen einem Dreieck und einem Kreis schwebende Position einnimmt. Ein Vergleich mit einer Zeichnung Röhls desselben Jahres, die eine weibliche Aktfigur zeigt, die in emphatischer Bewegung über Berggipfel aufwärts schreitet und Sonne und Kosmos zustrebt, macht die Provenienz von Dreieck und Kreis des Holzschnittes aus den Formen von Bergen und Sonne der Zeichnung deutlich, dem auch ihre räumliche Anordnung im Holzschnitt Rechnung trägt (Abb. 32). Der Frau, ihrer Aufwärtsbewegung zwischen Bergen und Sonne folgend, sind in der Zeichnung wiederum zwei Quadrate zugeordnet, so daß die geometrischen Elemente der linken Seite des Holzschnitts als abstrakte Umsetzung eben jener Szene zu verstehen sind. Diesem zum Kosmos aufstrebenden Menschen verkündet nun der Engel die Botschaft seiner Erneuerung.

In exemplarischer Weise wird hier deutlich, wie Röhl die geometrischen Grundformen mit gegenständlicher Bedeutung belegt und damit letztlich dem symbolischen Gehalt dieser Formen verpflichtet bleibt, wie er am frühen Bauhaus sowohl bei Johannes Itten als auch bei Walter Gropius begegnet. Johannes Itten weist in seinen Aufzeichnungen den Primärformen verschiedentlich symbolischen Gehalt zu, wobei jedoch keine unmittelbare geschlechtsspezifische Zuordnung erfolgt.[124] In einem um 1919 verfaßten Manuskript hatte Gropius dem Quadrat die Eigenschaft „weiblich" und die „materielle Welt" zugeordnet, dem Dreieck dagegen „Geist" und „männlich", die wiederum der Kreis als Zeichen des Alls in der vollkommenen Figur vereint.[125] Möglicherweise in Anspielung auf diese, der christlich-mittelalterlichen Ikonografie entlehnten Interpretation der Grundformen, die auch der mit Röhl eng befreundete Adolf Meyer vollzieht,[126] ist hier die Genese eines neuen, höheren Menschen symbolisiert, der die Gegensätze von männlich und weiblich in sich vereint und zu kosmischer Harmonie gefunden hat.

In der Aufteilung der Komposition in eine gegenständlich-figürliche und eine geometrisch-abstrahierende Bildhälfte erhält die auf die geometrischen Grundformen von Kreis, Quadrat und Dreieck weisende Geste des Engels über die genannten inhaltlichen Bezüge hinaus jedoch vor allem eine weitere Bedeutung: als Verkündigung der neuen Welt der geometrischen Formen des Konstruktivismus, der neuen „Zeichen unserer neuen Welt".

Diesen konstruktivistischen Gestaltungsprinzipien bleiben die Arbeiten der folgenden Jahre verpflichtet, beeinflußt vor allem von Theo van Doesburg und der holländischen „De Stijl"-Bewegung, die im Rahmen der Weimarer „Stijl"-Gruppe zum zentralen künstlerischen Umfeld Röhls werden.

Als öffentliche Abkehr von der romantisch-expressionistisch geprägten Frühzeit des Bauhauses unter Johannes Itten präsentiert sich schließlich eine Karikatur Röhls in der Zeitschrift *Mécano* Theo van Doesburgs von 1922 (Abb. 33). Dieser *Distelseher* Röhls, im Untertitel erläutert als „Zusammenstoß des natürlichen und mechanischen Menschen in Weimar im Jahre 1922", spielt in ironischer Form auf Johannes Itten an, der in seinem Unterricht das Wesen der Distel zeichnerisch nachempfinden ließ, festgehalten auch in Ittens *Utopia. Dokumente der Wirklichkeit* von 1921 (Abb. 34). Dem „mechanischen" Menschen wird der expressionistische, innerliche Mensch, der „das Wesen einer Distel schaut", als weltfremd und harmlos-naiv gegenübergestellt. In der Darstellung des „Distelsehers" als Aktfigur mit einer Sonnen-Glorie persifliert Röhl hier auch seine eigenen früheren Arbeiten und erteilt damit seiner expressionistischen Werkphase und der Übereinstimmung mit Johannes Itten eine letzte Absage.

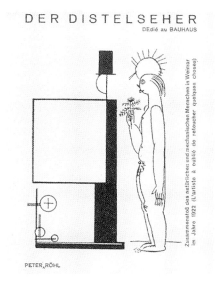

1 Titel eines abstrakten Holzschnitts von Karl Peter Röhl aus dem Jahr 1919, bez. verso: „Zeichen unserer neuen Welt!", Motiv wie KPRS Weimar, Inv. Nr. D 37.

2 Zu Johannes Karl Herrmann vgl. Rainer Stamm, Im Zeichen des Aufbruchs - Eine Erinnerung an Johannes Molzahn und Johannes Karl Herrmann, in: Neue bildende Kunst. Zeitschrift für Kunst und Kritik, Heft 3, 1993, S. 55-56; ders., Karl Peter Röhl und Johannes Karl Herrmann. Zwei „Bauhäusler" der ersten Stunde, in: Weltkunst, Heft 9, 1997, S. 932-934.

3 Vgl. den Katalogbeitrag „Karl Peter Röhl: Leben und Werk".

4 Johannes Molzahn, Das Manifest des absoluten Expressionismus, in: Der Sturm, 10. Jg., 6. Heft (September 1919), S. 90.

5 Zu der Weimarer Gruppe vgl. auch Herta Wescher, Weimarer Maler in der Vor- und Frühzeit des Bauhauses, in: Eckhard Neumann (Hrsg.), Bauhaus und Bauhäusler. Erinnerungen und Bekenntnisse, erweiterte Neuausgabe, Köln 1985, S. 112-116; Christian Gries, Johannes Molzahn (1892-1965) und der „Kampf um die Kunst" im Deutschland der Weimarer Republik, Diss. Augsburg 1996; das Manuskript der Dissertation wurde der Autorin zur Einsicht zur Verfügung gestellt.

6 Hugo Hertwig, unveröffentlichtes Tagebuch, Privatbesitz Köln.

7 Zu Hugo Hertwig vgl.: Max Schulze-Sölde, Ein Mensch dieser Zeit, Flarchheim/Thür. 1930, S. 38 f.; Ulrich Linse (Hrsg.), Zurück, o Mensch, zur Mutter Erde. Landkommunen in Deutschland 1890-1933, München 1983, S. 142; ders., Barfüßige Propheten. Erlöser der Zwanziger Jahre, Berlin 1983, S. 129 ff.
Im Nachlaß Hertwigs befinden sich eine Anzahl von Holzschnitten und Lithografien Röhls, zum Teil mit Widmung: „Hertwig dem Zauberer"; Privatbesitz Köln.

8 Wie Anm. 6.

9 Ausstellung „Gemälde und Skulpturen Weimarischer Künstler. Gruppe II" vom 20. März bis Ende April; Ausstellungskatalog Archiv KuSa Weimar, Nr. 40/Presse 1919-1935. Der Katalog verzeichnet 4 Gemälde Karl Peter Röhls unter den Kat. Nrn. 1, 2, 4 und 5 (o.T., bez. als Bild I. etc.) und unter der Kat. Nr. 36 „Farbige Zeichnungen" Röhls. Johannes Molzahn stellte das Ölgemälde Pole aus (Kat. Nr. 3), Johannes Karl Herrmann eine „Plastik" (Kat. Nr. 37), die auf der Fotografie der Ausstellung rechts neben dem Bild IV Karl Peter Röhls zu erkennen ist. Die Ausstellung stellte mit den Professoren Walther Klemm und Richard Engelmann und ihren Schülern Vertreter der neueren Kunst vor nach einer vorangegangenen Präsentation der konservativen Weimarer Künstler der „Gruppe I". (Ausstellungskatalog Archiv KuSa Weimar, Nr. 40/Presse 1919-1935). Im Ausstellungskontext präsentieren sich Molzahn, Herrmann und Röhl als Künstlergemeinschaft auch in der geschlossenen räumlichen Anordnung ihrer Arbeiten, die den Auftakt der Ausstellung bilden.

10 N.N., Weimarische Landeszeitung Deutschland, Nr. 89, 29.3.1919.

11 N.N., Weimarische Landeszeitung Deutschland, Nr. 90, 30.3.1919. Das Gemälde Pole von Johannes Molzahn wird hier fälschlich Röhl zugeschrieben.

12 Hanns Kahle, Einiges über Expressionismus, Bolschewismus und Geisteskrankheit, in: Weimarische Landeszeitung Deutschland, Nr. 137, 20.5.1919.

13 Erworben am 30.12.1919; Inventarband II., Graphik 1912-28, KuSa Weimar. Von Karl Peter Röhl wurde eine Folge von 13 abstrakten Holzschnitten erworben, die jedoch 1937 als „Entartete Kunst" beschlagnahmt wurden und seitdem verschollen sind; Archiv KuSa Weimar, Akte L. 10. „[Wilhelm Koehler] veranstaltete eine Ausstellung unserer neuen Holzschnitte und Plastiken. Es gab Tränen unter den Beschauern und auch Empörung. Aber der kühne Museumsdirektor ließ sich nicht abschrecken, sondern er schuf im Schloßmuseum zu Weimar einen Raum mit unseren neuen Arbeiten." Karl Peter Röhl, Menschen und Atmosphäre in Weimar, in: Baukunst und Werkform, Heft 2/3, 1953, S. 86. Diese Angabe wird gestützt durch eine handschriftliche Liste der Kunstsammlungen zu Weimar, in der die Erwerbungen des Jahres 1919 der Graphischen Sammlung aufgeführt sind und neben den Holzschnitten Herrmanns und Röhls der Vermerk „ausgestellt" angebracht ist; Archiv KuSa Weimar, ohne Standort.

14 Das Angermuseum Erfurt erwarb von März bis Oktober 1919 acht Arbeiten Karl Peter Röhls (2 Weibliche Aktstudien, Pinsel in Tusche, 1919, Inv. Nr. 7665 u. 7666; Geometrische Figuren, Pinsel in Tusche, 1919, Inv. Nr. 8109; Geometrische Figuren, Aquarell, 1919, Inv. Nr. 8316; Rhythmische Komposition, Holzschnitt, 1919, Inv. Nr. 8106; Tanz / Rhythmische Figuren musizierend / Rhythmische Figur, 3 Holzschnitte, 1916, Inv. Nr. 7964-7966; sämtliche Titel nicht vom Künstler), die jedoch seit der Beschlagnahme-Aktion von 1937 verschollen sind.

15 Wolfgang Pfeiffer-Belli (Hrsg.), Harry Graf Kessler. Tagebücher 1918-1937, Frankfurt/M. 1961, S. 193.

16 Möglicherweise ist ein unsigniertes Pamphlet Unser Wollen - Kampf und Gestaltung, das im Nachlaß Ilse Molzahns erhalten ist, als Beitrag Röhls zu identifizieren; vgl. ausführlich zu dem Zeitschriftenprojekt: Christian Gries, a.a.O. (siehe Anm. 5), o. pag.

17 Nachlaß Edwin Redslob, Privatbesitz.

18 Im Nachlaß Redslobs befanden sich eine größere Anzahl von figürlichen Zeichnungen und Holzschnitten Karl Peter Röhls, alle datiert 1921; Privatbesitz. Auch ein Brief Alexa Röhls an Karl Peter Röhl erwähnt eine Mappe, die Röhl an Redslob schicken wollte; undatierter Brief (Februar 1921), KPRS Weimar.

19 Das Motiv des „gipfelstürmenden" Akts einer Zeichnung von 1916 (vgl. Kunstwende. Der Kieler Impuls des Expressionismus 1915-1922, Ausst. Kat. Stadtgalerie im Sophienhof Kiel, Neumünster 1992, Kat. Nr. 172) wiederholt eine Tuschzeichnung von 1921.

20 Vgl. dazu auch: Stefanie Poley, Was war der neue Mensch, in: O Mensch! Das Bildnis des Expressionismus, Ausst. Kat. Kunsthalle Bielefeld, Bielefeld 1993, S. 30-38. Zur Nietzscherezeption vgl. Dietrich Schubert, Nietzsche Konkretionsformen in der bildenden Kunst 1890-1933, in: Internationales Jahrbuch für die Nietzsche-Forschung, Bd.1, 1981/82, Berlin/New York 1982, S. 308-313. Im Nachlaß Röhls sind die Unzeitgemäßen Betrachtungen Nietzsches in der Ausgabe von 1906 erhalten.

21 Christliche Ikonographie findet im Kriegs- und Nachkriegsexpressionismus zunehmende Verbreitung als Ausdruck eschatologischer Erwartungen nach der „Apokalypse" des Weltkriegs. Neben den Themen der Kreuzigung und Auferstehung als Sinnbild des Leidens im Krieg und der „Auferstehung" einer neuen Gesellschaft und besseren Zukunft aus den Trümmern begegnet in zahlreichen Darstellungen der Madonna die Stilisierung der Frau als Trägerin der Hoffnung auf neues Leben. Vor allem im Umkreis der Zeitschrift Die Aktion von Franz Pfemfert in Berlin findet sich seit 1916 christliche Ikonographie in diesem Zusammenhang eingesetzt; vgl. Johanna Kutschera, Zur Ikonographie des deutschen Nachkriegsexpressionismus, in: Kunstwende, a.a.O. (siehe Anm. 19), S. 64 ff.

22 Diese betont weiblichen Figuren sind nicht mehr aus dem traditionell androgynen Charakter des Engels in der bildenden Kunst abzuleiten; daß jedoch die biblische Verkündigung an Maria gemeint ist, belegt u.a. ein Blatt von 1916, in dem noch deutlicher Bezug auf die christliche Ikonographie genommen wird. Im folgenden reduziert sich die Szene zunehmend auf das zentrale Motiv der Begegnung, zumeist nur mehr repräsentiert durch den verkündenden und empfangenden Gestus, und wird in dieser Form bis 1921 beibehalten.

23 Auch die zahlreichen Darstellungen von fliehenden Müttern mit Kindern in Arbeiten Röhls der Jahre 1915-1919 betonen die elementare Schutzfunktion der Mutterrolle und legen eine Interpretation auch des Verkündigungsmotivs als Reaktion auf den Krieg nahe, dem die Frau in ihrer lebenserhaltenden bzw. -spendenden Eigenschaft gegenübergestellt wird.

24 Der Psychiater Otto Groß (1877-1919) gehörte zum Berliner Kreis um Georg Schrimpf und Maria Uhden und war ein Vertreter matriarchaler Gesellschaftsentwürfe; so schrieb er etwa 1913 in der Aktion: „Wir glauben, daß jene Revolution die erste und wirkliche sein wird, die Frau und Geist und Freiheit in eins zusammenfaßt." Zit. nach: Paul Raabe (Hrsg.), Ich schneide die Zeit aus. Expressionismus und Politik in Franz Pfemferts „Aktion" 1911-1918, München 1964, S. 121.

25 Wolfgang Pfeiffer-Belli, a.a.O. (siehe Anm. 15), S. 193.

26 Diese Vorstellungen wurden in der Gruppe durch Johannes Molzahn initiiert, der sich bereits vor 1914 bei seinen Aufenthalten in der Künstlerkolonie im schweizerischen Bergort Amden mit mystisch-kosmologischen Inhalten unter dem Einfluß von Otto Meyer-Amden und Hermann Huber auseinandergesetzt hatte; vgl. dazu Christian

Gries, a.a.O. (siehe Anm. 5), o. pag.

27 Johannes Molzahn, a.a.O. (siehe Anm. 4), S. 90-92.

28 Karl Peter Röhl, a.a.O. (siehe Anm. 13), S. 85. Auch Werner Gilles bezeichnete Molzahn, Herrmann und Röhl als „Futuristen", vgl. Anm. 42. Vgl. hierzu auch: Dorothea Eimert, Der Einfluß des Futurismus auf die deutsche Malerei, Köln 1974, S. 280 ff.

29 In engem Zusammenhang mit dieser Serie ist die Zeichnung Röhls im Gästebuch Heß von März 1919 zu sehen, die - überstrahlt von einer großen Sonne - noch deutliche gegenständliche Bezüge aufweist.

30 Johannes Molzahn, a.a.O. (siehe Anm. 4), S. 92.

31 Als spätere Frau Johannes Karl Herrmanns gehörte Doris von Mohl zum Umkreis der Gruppe um Molzahn und verteidigte bereits im April 1919 in der *Thüringischen Tageszeitung* (Nr. 81/1.4.1919) die Bilder Molzahns, Herrmanns und Röhls gegenüber den Angriffen der Kunstkritik anläßlich der Ausstellung im Museum am Karlsplatz im Rahmen der „Gruppe II." (vgl. Anm. 9). Auch am Bauhaus war sie als Schülerin vom Sommersemester 1919 bis zum Sommersemester 1920 eingeschrieben.

32 Doris von Mohl, Drei Zeichnungen von Karl Peter Röhl, in: Menschen. Buchfolge neuer Kunst, 2. Jg., Nr. 50/53, 20. und 27. Juli 1919 (Sonderheft Expressionistische Arbeitsgemeinschaft Kiel), S. 23-25.

33 Oswald Herzog, Der abstrakte Expressionismus, in: Der Sturm, 10. Jg., 2. Heft (Mai 1919), S. 29. Vgl. hierzu: Wilderich Voermanek, Zur Rhythmustheorie des 'Sturm'-Kreises, in: Ders., Untersuchungen zur Kunsttheorie des 'Sturm'-Kreises, Diss. phil. Berlin 1970. Die genannten Künstler des „Sturm" nehmen damit, ebenso wie Röhl, Anregungen der Vorkriegsmoderne - vor allem des italienischen Futurismus und des „Blauen Reiters" - auf; vgl. dazu auch: Maurice Tuchman / Judi Freeman (Hrsg.), Das Geistige in der Kunst. Abstrakte Malerei 1890-1985, Stuttgart 1988.

34 Wie Anm. 32.

35 Wilhelm Worringer, Abstraktion und Einfühlung, München 1908. Vgl. auch: Magdalena Bushardt, Der Geist der Gotik und die Expressionistische Kunst. Kunstgeschichte und Kunsttheorie 1911-1925, München 1990.

36 (Ernst Fuhrmann), Schwedische Felsbilder von Göteborg bis Strömstadt. (Werke der Urgermanen, Schriften zum Wiederaufbau der alten nordischen Kulturen, Bd. 1), Hagen i. W. 1919. Neben weiteren Schriften Fuhrmanns sind noch aus dem Jahr 1926 einige Ausgaben des von Fuhrmann publizierten Periodikums *Zweifel. Freies Monatsblatt für neue Forschung* im Nachlaß Röhls vorhanden. Vgl. auch: Rainer Stamm, Der Folkwang Verlag und seine Nachfolger - eine Bibliographie sämtlicher erschienener Publikationen, in: Börsenblatt für den Deutschen Buchhandel, Nr. 75, 18.9.1992, S. B 81 ff.; Christian Gries, a.a.O. (siehe Anm. 5), o. pag.

37 Vgl. den Katalogbeitrag „Karl Peter Röhl: Leben und Werk".

38 Zit. in: Herta Wescher, a.a.O. (siehe Anm. 5), S. 112 f.

39 Karl Peter Röhl, a.a.O. (siehe Anm. 13), S. 86. Auch Walter Gropius erinnert sich in einem Brief aus den 60er Jahren an Loretto Molzahn an diese Diskussionen im Weimarer Atelier Johannes Molzahns; vgl. Christian Gries, a.a.O. (siehe Anm. 5), o. pag.

40 Walter Gropius in einem Brief an Georg Muche vom 29.10.1919: „[...] durch Herrn Molzahn höre ich, daß Sie geneigt wären nach Weimar zu kommen [...]"; abgedruckt in: Georg Muche, Blickpunkt. Sturm Dada Bauhaus Gegenwart, Tübingen 1965, S. 169. Vgl. auch: Ernst Scheyer, Molzahn, Muche and the Weimar Bauhaus, in: Art Journal, 28. Jg., 1968/69, Heft 3, S. 269-277.

41 Christian Gries, a.a.O. (siehe Anm. 5), o. pag.

42 Werner Gilles in einem Brief an die Familie Oberheid vom 27.10.1919; zit. nach: Gerda Wendermann, „Es bleibt das Metaphysische: Die Kunst", in: Das frühe Bauhaus und Johannes Itten, Ausst. Kat. Kunstsammlungen zu Weimar u.a.O., Ostfildern-Ruit 1994, S. 422 f.

43 Bezogen auf die von Itten propagierte Mazdaznan-Lehre: „Wer das einmal liest, weiß, warum wir sofort dort abgehauen sind"; Robert Michel 1897-1983, Ausst. Kat. Sprengel Museum Hannover u.a.O., Hannover 1988, S. 21.

44 R. Michel und E. Bergmann-Michel zogen im August 1920 nach Vockenhausen/Taunus; Johannes Molzahn übersiedelte mit seiner Frau Ilse, die er im Dezember 1919 geheiratet hatte, im November 1920 nach Soest.

45 Hier gestaltete Herrmann für den von Osthaus und Ernst Fuhrmann gegründeten Folkwang-Verlag Bucheinbände u. a. zu Schriften Fuhrmanns, die in Teilen im Nachlaß Röhls erhalten sind. Vgl. hierzu: Rainer Stamm, Unbekannte frühe Bauhausgraphik auf Bucheinbänden. Zum hundertsten Geburtstag von Johannes Karl Herrmann, in: Börsenblatt für den Deutschen Buchhandel, Nr. 34, 1993, S. A 137-139.

46 Am 18.5.1919 abgelöst durch Eberhard Schrammen und Heinrich Linzen; ThHStAW, Nr. 131, Bl. 9 ff.

47 An dieser Zeitschrift - herausgegeben von seinem Studienfreund Eberhard Schrammen - beteiligte Röhl sich allerdings nicht, vermutlich aufgrund des eigenen Zeitschriftenprojekts der Gruppe um Molzahn; verschiedene Beiträge des *Austausch* nehmen jedoch Bezug auf seine Arbeiten; Der Austausch. Veröffentlichungen der Studierenden am Staatlichen Bauhaus zu Weimar, Mai-Juli 1919, Bauhaus-Archiv Berlin, Inv. Nr. 4606.

48 Lothar Schreyer, Erinnerungen an Sturm und Bauhaus, München 1956, S. 216 f.

49 Abb. in: Lyonel Feininger 1871-1956, Ausst. Kat. Galerie Gmurzynska, Köln 1989, S. 32-37.

50 Teil nahmen weiterhin Hans Breustedt und Werner Gilles als Meisterschüler Feiningers, sowie Margarete Bittkow. Röhl stellte 10 nicht näher bezeichnete Holzschnitte aus, von denen eine Arbeit für 60,- M verkauft wurde; Archiv KuSa Weimar, Nr. 5/Verschiedenes 1920.

51 Darüber berichtet Lyonel Feininger in einem

Brief an Julia Feininger vom 27.6.1919: „Was Gropius am meisten und nicht ganz mit Unrecht, von den Schülern verübelt wird, ist, daß er gesagt hat, er trete jederzeit für die 'extremste Kunst' ein, die ein Zeichen der Zeit sei." Zit. nach: H. M. Wingler, Das Bauhaus 1919-1933, Bramsche 1962, S. 43.

52 Walter Gropius, Rede anläßlich der ersten Schülerarbeitenausstellung des Bauhauses, Juni 1919; ThHStAW Nr. 132, Bl. 5 ff.

53 ThHStAW Nr. 132, Bl. 12 f.; als Ergebnis der Schülerarbeitenausstellung wurden am 24. Juni 1919 acht Stipendien, u.a. an Johannes Karl Herrmann und Karl Peter Röhl, vergeben, sowie Aufträge des Bauhauses zur Bemalung zweier Schränke im Sekretariat an Röhl und Walter Determann und zur Anfertigung einer Plastik für den Treppenpfosten im Haupteingang an Johannes Karl Herrmann.

54 Lyonel Feininger in einem Brief an Julia Feininger vom 22.5.1919; zit. nach Gerda Wendermann, a.a.O. (siehe Anm. 42), S. 417.

55 Walter Gropius, Rede anläßlich der ersten Schülerarbeitenausstellung des Bauhauses, Juni 1919; ThHStAW Nr. 132, Bl. 5 ff.

56 Vgl. dazu Karin Wilhelm, Auf der Suche nach dem neuen Menschen. Zum Verhältnis von Walter Gropius und Johannes Itten, in: Das frühe Bauhaus und Johannes Itten, a.a.O. (siehe Anm. 42), S. 59-71.

57 ThHStAW, Nr. 78, Bl. 18 ff. Aufgrund der neben der Reinzeichnung des Entwurfs (Bl. 19) angebrachten handschriftlichen Bezeichnung „Blüthner und Auerbach" wurde das Signet in der älteren Bauhausliteratur mitunter den Bauhausschülern Dorothea Blüthner und Johannes Auerbach zugeschrieben, bevor es nach einer Richtigstellung Karl Peter Röhls (in einem Brief an Eckhard Neumann vom 21.1.1964 im Zusammenhang mit der Bauhausausstellung der Göppinger Galerie 1964; KPRS Weimar) nunmehr als Entwurf Röhls geführt wird. Die Zuschreibung des Signets an Karl Peter Röhl belegt auch eine Empfangsbestätigung Röhls vom 11. Juli 1919 über 50 M für den „I. Preis des Stempelwettbewerbs"; ThHStAW, Nr. 138, Bl. 127.

58 Ute Brüning, Selbstdarstellung: „Typochales und Normatives", in: Dies. (Hrsg.), Das A und O des Bauhauses. Bauhauswerbung: Schriftbilder, Drucksachen, Ausstellungsdesign, Ausst. Kat. Bauhaus-Archiv Berlin, Leipzig 1995, S. 87.

59 Walter Gropius, Programm und Manifest des Staatlichen Bauhauses in Weimar, April 1919; Abdruck in: Das frühe Bauhaus und Johannes Itten, a.a.O. (siehe Anm. 42), S. 10-12.

60 Nachträglich von Röhl benannt als: „Der Mensch / Architekt / trägt die Pyramide"; Karl Peter Röhl, Skizze des Bauhaussignets mit handschriftlichen Erläuterungen (um 1963), Abb. in: Kat. Röhl 1990, S. 12 f.

61 Auch ein um 1919 verfaßtes Manuskript von Walter Gropius benennt den Kreis als Zeichen für das All, das Geist und Materie in der vollkommenen Figur vereint; vgl. Annemarie Jaeggi, Adolf Meyer. Der zweite Mann. Ein Architekt im Schatten von Walter Gropius, Ausst. Kat. Bauhaus-Archiv

Berlin, Berlin 1994, S. 112.

62 Der germanische „Lebensbaum" setzt sich aus der „Yr"-Rune als Symbol der Frau und der „Man"-Rune als Symbol des Mannes zusammen. Auch die häufig zu beobachtende Ausformung des „Strichmännchens" bei Röhl mit einer durchgezogenen vertikalen Körper-Achse, die neben den abgespreizten Beinen zum Boden weitergeführt, weist auf eine Genese aus dem „Lebensbaum"-Motiv, vgl. beispielsweise Kat. 35.

63 Karl Peter Röhl, Skizze des Bauhaussignets mit handschriftlichen Erläuterungen, wie Anm. 60.

64 Vgl. hierzu: Wulf Herzogenrath, Typographie in der Reklame-Werkstatt, in: Ders. (Hrsg.), Bauhaus Utopien. Arbeiten auf Papier, Ausst. Kat. Nationalgalerie Budapest u.a.O., Stuttgart 1988, S. 103; dort auch Abb. von Steinmetzzeichen. Aus der Assoziation von Stern und Sonne des Signets mit dem christlichen „Alpha und Omega" wird hier zudem eine Interpretation der Figur als Christus vorgeschlagen. Zum Leitbild der Bauhütte vgl. auch: Peter Hahn, Black Box Bauhaus. Ideen und Utopien der frühen Jahre, in: Das frühe Bauhaus und Johannes Itten, a.a.O. (siehe Anm. 42), S. 22 f.

65 Walter Gropius, Baukunst im freien Volksstaat (1919), zit. nach: Hartmut Probst / Christian Schädlich, Walter Gropius, Bd. 3, Berlin 1988, S. 65; dort fordert Gropius u.a., der Architekt müsse „die geistig gleichgesinnten Werkleute wieder um sich sammeln zu enger, persönlicher Fühlung - wie die Meister der gotischen Dome in den Bauhütten des Mittelalters - und so in neuen Lebens- und Arbeitsgemeinschaften aller Künstler untereinander den Freiheitsdom der Zukunft vorbereiten [...]".

66 Walter Gropius, Rede anläßlich der ersten Schülerarbeitenausstellung des Bauhauses, Juni 1919; ThStAW Nr. 132, Bl. 5 ff. In ganz ähnlicher Weise instrumentalisiert auch Röhl die „Wikingerornamentik" bzw. die germanischen Runen.

67 Annemarie Jaeggi, a.a.O. (siehe Anm. 61), S. 111.

68 Überlegungen zum „Bauhüttenschlüssel" spielten am frühen Bauhaus eine wichtige Rolle und lagen nach Angaben Lothar Schreyers beispielsweise auch dem Entwurf einer Bronzekanne Gyula Paps zugrunde; vgl. Annemarie Jaeggi, a.a.O. (siehe Anm. 61), S. 111 u. 467, Anm. 54.

69 Vgl. hierzu: Ebenda, S. 442 sowie Ute Brüning, a.a.O. (siehe Anm. 58), S. 292, Anm. 44.

70 In einem Manuskript zur „Raumkunde", zit. in: Magdalena Droste, Das Bauhaus 1919-1933, Köln 1990, S. 44.

71 Prolet. Halbmonatsschrift für proletarische Kultur, hrsg. v. Hermann Lindemann u. Otto Steinicke, 1.Jg., 1919, Heft 1-3 (November/Dezember 1919): Titelblätter; 2. Jg., 1920, Heft 5 (Januar 1920): Zeichnung *Germania*, S. 8; Staatsbibliothek Berlin.

72 Vgl. Christian Gries, a.a.O. (siehe Anm. 5), o. pag.

73 Wie Anm. 71.

74 Auf dem Titelblatt der ersten Ausgabe des *Prolet* vom 7. November 1919 erscheint dieses Signaturzeichen vermutlich zum ersten Mal und verdankt seine Entstehung möglicherweise diesem Zusam-

menhang als Deckzeichen zur Wahrung der Anonymität.

75 Meisterratsprotokoll vom 18.12.1919; ThStAW, Nr. 12, Bl. 12.

76 Brief Walter Gropius an Karl Peter Röhl, 7.2.1920; ThHStAW, Nr. 6, Bl. 216.

77 Kultusministerium in Weimar (verfaßt von Walter Gropius), Ergebnisse der das Staatliche Bauhaus in Weimar betreffenden Untersuchung, Beilage zu: Der Streit um das Staatliche Bauhaus, hektografiert, Weimar 1920; Bauhaus-Archiv Berlin. Aus der Erwähnung des Vorfalls an dieser Stelle ist zu entnehmen, daß dieser tatsächlich von den Bauhausgegnern aufgegriffen worden war.

78 Schülerlisten im ThHStAW, Nr. 132, Bll. 160, 161, 164; obwohl undatiert, können die Listen infolge der Zusammensetzung der Schüler, von denen mehrere nach dem Wintersemester 1919 das Bauhaus verließen, diesem Semester zugeordnet werden.

79 Vgl. dazu Rainer K. Wick, Zwischen Rationalität und Spiritualität - Johannes Ittens Vorkurs am Bauhaus, in: Das frühe Bauhaus und Johannes Itten, a.a.O. (siehe Anm. 42), S. 117-167.

80 Abschrift eines Briefes von Karl Peter Röhl an Wulf Herzogenrath vom 18.9.1967; KPRS Weimar.

81 Vgl. dazu Gerda Wendermann, a.a.O. (siehe Anm. 42), S. 419 f. Deutlich wird der Übergangscharakter dieser Lösung im Protokoll der Meisterratssitzung vom 24.5.1923, wenn es heißt: „Die bisherige Sonderstellung formal begabter Schüler ergibt ein falsches Bild. Wer den Aufbau des Bauhauses trotz seiner Begabung nicht mitmachen will, gehört nicht hierher. [...] Die bisherigen Sonderschüler waren schon älter und kamen von Akademien. [...] Durch die Sonderstellung liegt die Gefahr nahe, daß die Schüler eine falsche Einstellung zum Bauhaus bekommen. Typisch hierfür ist der Fall Driesch. Trotz seiner Begabung paßt er nicht hinein."; ThHStAW, Nr. 12, Bl. 310.

82 Die Druckerei stand allen Schülern und Meistern für ihre eigenen Arbeiten zur Verfügung; auf die Nutzung der Druckerei wie auch der Buchbindereiwerkstatt unter dem Werkmeister Otto Dorfner verweist eine Briefstelle Röhls an seine Frau Alexa : „Ich habe alle 11 Radierungen noch gearbeitet und lasse 12 x alle drucken und Dorfner macht schöne Mappen und ich hoffe damit Geld zu bekommen." Brief Karl Peter Röhl an Alexa Röhl, undatiert (Anfang 1921); KPRS Weimar.

83 Karl Peter Röhl, Totemartige Rundplastik (um 1920), Holz, vielfarbig gefaßt, Kunstsammlungen zu Weimar, Inv. Nr. N 1/68; Abb. in: Bauhaus-Künstler. Malerei und Grafik aus den Beständen der Kunstsammlungen zu Weimar und der Deutschen Bank, Ausst. Kat. Kunstsammlungen zu Weimar u.a.O., Weimar 1993, S. 91. Theo Müller-Hummel, Stele mit kosmischer Vision (Teil eines Holzpropellers), Kunstsammlungen zu Weimar, Inv. Nr. L 2019.

84 Einladung zur Feier des Staatlichen Bauhauses im Deutschen Nationaltheater am 21. März 1920, Lithographie, Bauhaus-Archiv Berlin; Abb. in: Herbert Bayer, Walter Gropius, Ise Gropius (Hrsg.), Bauhaus 1919-1928, Stuttgart 1955, S. 16, dort da-

tiert 1919 und Karl Peter Röhl zugeschrieben; Titelblatt für die Vorankündigung der „Bauhaus-Abende", 1920, Linolschnitt/Buchdruck, Bauhaus-Archiv Berlin; Abb. in: Ebenda., S. 84. In einem Brief an Eckhard Neumann schreibt Röhl 1964 im Zusammenhang mit der Richtigstellung der Zuschreibung des Entwurfs zum ersten Bauhaussignet: „Ein weiterer Fehler ist aber, dass das Signet für die Eröffnungsfeier im Nationaltheater Weimar mit meinem Namen unterzeichnet ist. Das Signet stammt von Adolf Meyer, dem Mitarbeiter von Walter Gropius in Weimar. Auch auf Seite 84 im Bauhaus-Buch 1919-1928 befindet sich ein Signet mit meinem Namen, das ebenfalls von 'Adolf Meyer' stammt." Abschrift eines Briefes Karl Peter Röhls an Eckhard Neumann vom 21.1.1964; KPRS Weimar.

85 Lithografie, um 1921, Bauhaus-Archiv Berlin, Abb. in: Das A und O des Bauhauses, a.a.O. (siehe Anm. 58), S. 54, Abb. 31.

86 Vgl. etwa: Franz Singer, Flußlandschaft mit Schiffen, um 1920, Kohle auf Papier, Bauhaus-Archiv Berlin; Abb. in: Das frühe Bauhaus und Johannes Itten, a.a.O. (siehe Anm. 42), S. 429.

87 Vgl. hierzu und zum folgenden: Eva Badura-Triska (Hrsg.), Johannes Itten. Tagebücher Stuttgart 1913-1916/Wien 1916-1919, Bd. 2, Wien 1990, S. 24 f.

88 „Das Ruhende ist das Eine Wesen. Strahlt es aus, wird es Bewegung, wird es durch die Kreatur erkennbar, erfassbar. Bewegung, Lebendigkeit ist das Göttlichste, das erkennbar ist. Ersehnbar ist Ruhe, Nichtbewegung, das Nichts, doch muss ich mich ihm nähern in einer Bewegtheit." Johannes Itten, Tagebuch (August 1918), zit. nach: Eva Badura-Triska, a.a.O. (siehe Anm. 87), S. 25.

89 Vgl. hierzu: Dieter Bogner / Eva Badura-Triska (Hrsg.), Johannes Itten. Meine Symbole, meine Mythologien werden die Formen und Farben sein, Ausst. Kat. Museum moderner Kunst, Wien u.a.O., Wien 1988, S. 35.

90 Auch in einer Tuschpinselzeichnung Röhls aus der ersten Jahreshälfte findet sich eine Spiralform, die ebenfalls wichtiges Motiv in Johannes Molzahns Arbeiten der Jahre 1919 bis 1920 ist; ihre massierte Verwendung in den Arbeiten Röhls erst ab 1920 macht jedoch eine Anregung durch Johannes Itten wahrscheinlich. Dominantes Motiv zahlreicher Arbeiten Ittens, liegt die Spirale auch der Glasplastik *Turm des Feuers* zugrunde, die eines der Hauptwerke Ittens der Weimarer Zeit ist; vgl. auch: Rolf Bothe, Der Turm des Feuers, in: Das frühe Bauhaus und Johannes Itten, a.a.O. (siehe Anm. 42), S. 73-82.

91 Vgl. Dieter Bogner / Eva Badura-Triska, a.a.O. (siehe Anm. 89), S. 87 f.

92 Johannes Itten, Tagebuch Tempelherrenhaus, Weimar 1920; Kunstmuseum Bern, Inv. Nr. A 1993.3; Kopie KuSa Weimar (Schenkung Anneliese Itten).

93 Das Signaturzeichen Röhls stellt damit ein erstes direktes Zitat eines Symbols der Astrologie dar. Die Wahl des Uranus als sein persönliches Zeichen ist vermutlich in Zusammenhang mit Röhls Horoskop zu sehen, das von der mit ihm befreundeten Bauhäuslerin Ise Bienert erstellt worden ist; Auskunft von Marinaua Röhl an die Verfasserin. Neben den Zeichnungen Röhls für die Zeitschrift Prolet (vgl. Anm. 71) erscheint das Signaturzeichen 1919 lediglich in der Signatur eines abstrakten Holzschnitts, der damit dem Ende des Jahres zuzurechnen ist; KPRS Weimar, Inv. Nr. D 37. Daneben zeigt das Signaturzeichen Röhls Ähnlichkeit mit dem Weimarer Signet Robert Michels, das dieser seit 1918 verwendete; vgl. Kat. Robert Michel, a.a.O. (siehe Anm. 43), S. 12.

94 Entwickelt aus einer Farben-Ton-Zuordnung, Sommer 1919, Tagebuch XI, S. 172, in: Dieter Bogner / Eva Badura-Triska, a.a.O. (siehe Anm. 89), S. 75.

95 Johannes Itten, Tagebuch X, 19.2.1919, zit. nach: Dieter Bogner / Eva Badura-Triska, a.a.O. (siehe Anm. 89), S. 33.

96 Ein anderer Abzug der Lithografie (KPRS Weimar, Inv. Nr. D 45) ist verso bezeichnet: „Gebet an Gott!" in der Handschrift Karl Peter Röhls; KPRS Weimar.

97 Johannes Itten, Tagebuch IX (Juli 1918-Juni 1920), S. 27, zit. nach: Eva Badura-Triska, a.a.O. (siehe Anm. 87), S. 24.

98 Johannes Itten, Tagebuch Weimar 1920, wie Anm. 92, S. 51 ff.

99 „Weiß bedeutet für Itten das unerreichbare Ideale, das Eine, das Absolute, das nur durch die Totalität aller Farbkontraste vermittelt werden könne, denn wahrzunehmen wäre nur der Kontrast, der Gegensatz, nicht das ungeteilte Ganze." Dieter Bogner / Eva Badura-Triska, a.a.O. (siehe Anm. 89), S. 37 f.

100 Johannes Itten, Aufstieg und Ruhepunkt, Öl auf Leinwand, 1918/19, Kunsthaus Zürich (WV Nr. 149); Abb. in: Dieter Bogner / Eva Badura-Triska, a.a.O. (siehe Anm. 89), S. 58.

101 Diese Arbeiten zeigen eine unmittelbare Nähe etwa zu der *Kosmischen Komposition* Paul Klees von 1919 (WV 165), Kunstsammlung Nordrhein-Westfalen, Düsseldorf; Abb. in: Will Grohmann, Der Maler Paul Klee, Köln 1990, S. 83.

102 Zu den Ausstellungen des Jenaer Kunstvereins vgl.: Volker Wahl, Jena als Kunststadt, Leipzig 1988, S. 278.

103 Karin Wilhelm, a.a.O. (siehe Anm. 56), S. 68; vgl. dort zur Konzeption des „neuen Menschen" bei Gropius und Itten, S. 67 ff. Zur ganzheitlichen, „metaphysisch-religiösen Grundlage" am frühen Bauhaus vgl. auch: Hans Christoph von Tavel, Johannes Itten: Sein Denken, Wirken und Schaffen am Bauhaus als Gesamtkunstwerk, in: Das frühe Bauhaus und Johannes Itten, a.a.O. (siehe Anm. 42), S. 37-58.

104 „Mazdaznan" bedeutet in der Auslegung Ittens u.a.: „Gott kennen, Einswerden des Menschen mit dem göttlichen Geiste in ihm selbst." Zit. nach: Dieter Bogner / Eva Badura-Triska, a.a.O. (siehe Anm. 89), S. 83.

105 Karl Peter Röhl, Holzschnitt, 1921, bez. verso in Blei: „Weibliche Elite"; KPRS Weimar.

106 Walter Gropius, Rede anläßlich der ersten Schülerarbeitenausstellung des Bauhauses, Juni 1919; ThHStAW, Nr. 132, Bl. 5 ff.

107 Vgl. dazu den Katalogbeitrag „Karl Peter Röhl und De Stijl in Weimar".

108 Vgl. den Katalogbeitrag „Karl Peter Röhl: Leben und Werk".

109 Brief des Berliner Kommerzienrats Adolf Pochwadt an Walter Gropius vom 13.5.1919; ThHStAW, Nr. 106, Bl. 33 ff. Der Auftrag war jedoch nicht durch Gropius vermittelt, wie in der einleitenden Passage des Schreibens deutlich wird: „Ich nehme an, daß Sie bereits wissen, dass ich in Berlin eine Kirche ausmalen lasse, welchen Auftrag Heffels erhalten soll. Heffels sollte wiederum nun Röhl und Gross an diesem Auftrage hinzuziehen." Franz Heffels war Meisterschüler der Weimarer Hochschule für bildende Kunst und leitete im Sommersemester 1919 die „Naturschule" in Vertretung von Professor Weise; um welche Kirche es sich bei dem Auftrag handelte, ist nicht bekannt.

110 Die Ausmalung erwähnt der Bauhäusler Hinnerk Scheper im Kontext einer Meisterratsbesprechung aufgrund gegen Gropius erhobener Anschuldigungen des Bauhaussyndikus Beyer und der Werkmeister Carl Schlemmer und Josef Zachmann (Oktober 1922): „Scheper bleibt trotz Einwände und Vorstellungen des Ehepaars bei seiner früheren Aussage, bestätigt, daß er bei einer Unterhaltung mit Ehepaar Zachmann über die Röhl'sche Zimmerausmalung in Wohnung Gropius einen ähnlichen Ausdruck gebraucht haben könnte als 'das sieht aus, als ob man hier Orgien feiern solle oder könne'." ThHStAW, Nr. 12, Bl. 208. Demnach ist anzunehmen, daß die Wandgestaltung zumindest noch zum Eintritt Zachmanns ins Bauhaus als Leiter der Tischlereiwerkstatt am 1. Februar 1921 erhalten war.

111 Meisterratsprotokoll vom 14.5.1920: „In der Dekorationsmalerei, in der durch Eintritt neuer Studierender ein frischer Zug gekommen sei und in welcher jetzt die Schüler mit Lust und Liebe arbeiten, fehlt eine Leitung. Es soll versucht werden einen in technischer und auch künstlerischer Beziehung geeigneten Vorsteher zu finden und in der Zwischenzeit die Leitung einer Gemeinschaft von Schülern in Verbindung mit Herrn Heidelmann zu übertragen."; ThHStAW, Nr. 12, Bl. 46.

112 Zit. nach: Eckhard Neumann (Hrsg.), Bauhaus und Bauhäusler. Erinnerungen und Bekenntnisse, Köln 1985, S. 177 f.

113 Im Zusammenhang mit der Ausmalung der Bauhauskantine: „Itten betont, dass die Erfahrung gelehrt habe, dass nicht eine Menge von Menschen etwas bestimmt, sondern doch immer nur einer oder ganz wenige die Ausführung einer Arbeit bestimmen und die Verantwortung für diese übernehmen könnten." Protokoll der Versammlung der Meister und Lernenden des Staatlichen Bauhauses, 13.10.1920; ThHStAW, Nr. 12, Bl. 66 ff. (68).

114 Vgl. Klaus Weber, Kunstwerk - Geistwerk - Handwerk. Die Werkstätten in den ersten Jahren des Bauhauses, in: Das frühe Bauhaus und Johannes Itten, a.a.O. (siehe Anm. 42), S. 228 ff.

115 Zu den ausgeführten Projekten der Wandmalerei-Werkstatt vgl.: Wulf Herzogenrath, Werkstätten: Wandgestaltung, in: Bauhaus Utopien, a.a.O. (siehe Anm. 64), S. 169 ff.

116 Protokoll Meisterratssitzung 20.9.1920; ThHStAW, Nr. 12, Bl. 58.

117 Vgl. Klaus-Jürgen Winkler, Die Architektur am Bauhaus in Weimar, Berlin/München 1993, S. 36 f.

118 Protokoll der Versammlung der Meister und Lernenden des Staatlichen Bauhauses, 13.10.1920; ThHStAW, Nr. 12, Bl. 66 ff. (68 f.).

119 Brief Johannes Molzahns aus Soest an Karl Peter Röhl vom 22.11.1920; KPRS Weimar.

120 Vgl. Klaus Weber, a.a.O. (siehe Anm. 114), S. 220 f.

121 Atelier in der Buchfarter Str. 12; ThHStAW, Nr. 328, Bl. 1 ff.

122 „Den Weg des Konstruktivismus hatte ich schon entwickelt über das Werk des Meisters Feininger"; Karl Peter Röhl in: Theo van Doesburg und meine Beziehungen zum Styl, undatiertes Manuskript (um 1959), KPRS Weimar; zit. in: Kat. Röhl 1990, S. 21.

123 „Ich komme [...] zu ganz strengen schlichten Arbeiten und zu neuen [...] Figuren." Brief Karl Peter Röhls an Alexa Röhl, undatiert (Anfang 1921); KPRS Weimar.

124 Vgl. Dieter Bogner / Eva Badura-Triska, a.a.O. (siehe Anm. 89), S. 35 f.; Anja Baumhoff, „Ich spalte den Menschen." Geschlechterkonzeptionen bei Johannes Itten, in: Das frühe Bauhaus und Johannes Itten, a.a.O. (siehe Anm. 42), S. 91-99.

125 Annemarie Jaeggi, a.a.O. (siehe Anm. 61), S. 122 f.

126 In seinem Text zum Richtfest des Hauses Sommerfeld im Dezember 1920; ebenda, S. 112.

Abb. 35
Karl Peter Röhl, Komposition „N. B. Styl",
1923, Öl/Lwd.
Stiftung Bauhaus Dessau.

GERDA WENDERMANN

KARL PETER RÖHL UND DE STIJL IN WEIMAR

I.

„Es lebe die Blechbüchsenbauhausgesellschaft Kulturverdummung mit Gold- und Silberpapieren eingelegt. Auf alle Zeit werden die Glaskristallscherbenkreaturen in die Stadt Weimar hineinleuchten [...]. Es lebe die Abfallgesellschaft und Verwertungsgesellschaft Materie."[1] Mit diesen ironischen Worten distanzierte sich der Weimarer Künstler Karl Peter Röhl im Frühsommer 1922 von jener Ausbildungsstätte, der er noch bis zum Sommersemester 1921 als einer der befähigsten Schüler selber angehört hatte: das Bauhaus.[2] In der deutlichen Anspielung auf die Material- und Texturübungen des Vorkurses, die die Grundlage von Johannes Ittens ganzheitlichem pädagogischen Konzept einer Freisetzung der schöpferischen Kräfte und künstlerischen Begabung jedes einzelnen Studenten bildete, bezog er sich auf die erste öffentliche Leistungsschau des Bauhauses im Mai 1922, in der eine Auswahl der Werke von Gesellen und Lehrlingen vorgestellt wurde. Während Paul Klopfer, der Direktor der Baugewerkschule Weimar und einer der wenigen Förderer des Bauhauses in der Klassikerstadt, die Ergebnisse der Ausstellung durchaus positiv bewertete,[3] läßt sich hinter dem Hohn Röhls die Stimme Theo van Doesburgs vernehmen, der seinerseits einen beißenden Artikel in dem publizistischen Organ der holländischen De Stijl-Gruppe veröffentlicht hatte.[4] Das Bauhaus wird hier beschrieben als „kränklicher Auswuchs der Kunstäußerungen des 20. Jahrhunderts" und als „Müllabladeplatz", wo die Reste von Kubismus, Futurismus und Expressionismus angehäuft seien. Van Doesburgs Polemik galt nicht nur dem Vorbild der mittelalterlichen Dombauhütte, das durch Walter Gropius immer wieder beschworen wurde, sondern vor allem der expressionistisch-handwerklichen Ausrichtung der Ausbildung unter dem Einfluß des Mazdaznan-Mystizismus Johannes Ittens.

Der Einfluß van Doesburgs auf das Weimarer Bauhaus ist bis heute umstritten, obwohl die Konfrontation mit dem leidenschaftlich engagierten De Stijl-Mitbegründer eine entscheidende Herausforderung darstellte, die wesentlich zum inneren Wandel des Bauhauses in Richtung einer stärkeren Betonung von Funktionalismus und Technologie beitrug.[5] Als verantwortlicher Herausgeber der 1917 in Leiden gegründeten Zeitschrift *De Stijl* hatte van Doesburg von Beginn an eine internationale Zusammenarbeit gleichgesinnter Künstler propagiert. Auf ausgedehnten Reisen suchte er durch persönliche Kontakte, Ausstellungsbeteiligungen und Vorträge die neuen Gestaltungsgrundlagen des „Stijl" in Europa zu verbreiten. Einer Einladung des Architekturhistorikers Adolf Behne folgend, besuchte er im Dezember 1920 auch Berlin, wo er im Hause Bruno Tauts Walter Gropius, Adolf Meyer und Fréd Forbát kennenlernte. Nur wenige Tage später reiste er überraschend nach Weimar.[6] Zwischen dem 27. Dezember und dem 3. Januar traf van Doesburg nicht nur einige der Bauhausmeister wie Lyonel Feininger und Itten, sondern suchte gezielt auch den Kontakt zu Schülern, wie er nach seiner Rückkehr nach Leiden gegenüber seinem Freund, dem Dichter Antony Kok, betonte: „In Weimar habe ich alles radikal auf den Kopf gestellt. Das ist die berühmteste Akademie, die nun modernste Lehrer hat! Ich habe die Schüler dort jeden Abend gesprochen und überall das Gift des Neuen Geistes ausgestreut [...]. Ich habe Berge von Kraft und weiß daher, daß unsere Überzeugungen gewinnen werden [...]."[7] Nach einer längeren Rundreise kehrte van Doesburg gemeinsam mit seiner neuen Lebensgefährtin, der Pianistin Nelly van Moorsel, am 29. April 1921 erneut nach Weimar zurück und richtete sich hier für einen längeren Aufenthalt ein.[8] Auch wenn van Doesburg im September des Jahres an Kok seine berühmte Ansichtskarte des Bauhausgebäudes sandte, auf der er dadaistisch verfremdet von einem Bombardement mit n'-dimensionalem Stijl-Geschütz spricht,[9] so genoß er gerade in diesen ersten Monaten eine respektvolle Aufmerksamkeit seitens der Bauhausmeister. Unter den Schülern zog er schon bald durch sein überzeugendes, kosmopolitisches Auftreten eine Gruppe von Anhängern an, die sich regelmäßig in seinem Atelier traf, darunter Werner Graeff, Andor Weininger und Karl Peter Röhl, aber auch Künstler wie den expressionistischen Maler Max Burchartz, der seit Anfang 1921 in Weimar lebte, oder Walter Dexel, den engagierten Leiter des Jenaer Kunstvereins.

Als geübter Vortragender und professioneller Kunstkritiker gab van Doesburg Einblick in die Grundlagen der Stijl-Bewegung, über die bislang in Deutschland kaum etwas bekannt war. Diese wenigen Informationen verdankten sich vor allem der Vermittlerrolle des Kunstschriftstellers Friedrich Markus Huebner, der regelmäßig „Kunstbriefe" aus Belgien und den Niederlanden an die *Kunstchronik* und weitere deutsche Zeitungen sandte und im Frühjahr 1921 den ersten ausführlichen Artikel über „De Stijl" in der Zeitschrift *Feuer* publiziert hatte.[10] Eine Übersicht der jungen niederländischen Kunst war außerdem zum Jahreswechsel 1920/21 im Berliner Kronprinzenpalais zu sehen gewesen, bei der u.a. erstmals Werke der Stijl-Mitglieder Bart van der Leck und van Doesburg vorgestellt wurden.[11]

Van Doesburgs Weimarer Kreis zeigte sich sowohl von seiner Person als auch von seiner kunstästhetischen Position eines extremen elementaren Purismus, der in der „Versöhnung der Dualität von Geist und Materie"[12] eine universale Harmonie anstrebte, beeindruckt. Insbesondere Karl Peter Röhl entwickelte sich schon bald zum begeisterungsfähigsten Schüler des niederländischen Künstlers, den er in einem im November 1921 in *De Stijl* publizierten Artikel, aus dem noch deutlich das „O Mensch"-Pathos des Expressionismus zu hören ist, als neuen geistigen „Führer" feierte.[13] Noch 1927, anläßlich des 10. Gründungsjubiläums der Zeitschrift *De Stijl*, schrieb er: „Mit großer Begeisterung war ich Schüler dieses Meisters und verehre in ihm den Verkünder und Wegbereiter der neuen Zeit."[14] Wie bei keinem anderen Schüler van Doesburgs läßt sich in Röhls umfangreichem Werk über einen Zeitraum von fast fünf Jahren, d.h. von 1921 bis 1926, die Auseinandersetzung mit dessen elementarer Gestaltungslehre nachvollziehen. Schon die im August 1921 durch Röhl realisierte Ausmalung der Volksbühne des Weimarer Residenztheaters wurde von Theo van Doesburg zu einer ersten wichtigen Stijl-Manifestation erklärt. Nur wenige Tage nach der Wiedereröffnung des Theaters lancierte er als geschickter Propagandist zwei Presseartikel im vielgelesenen *Nieuwe Rotterdamsche Courant* und in der Genter Zeitung *Vooruit,* in denen nachdrücklich darauf hingewiesen wird, daß die Ausmalung nach den Anweisungen van Doesburgs geschehen sei.[15] Auch Röhl selber interpretierte die Gestaltung als „eine Manifestation der neuen Gesinnung in Farbe".[16] Das Residenztheater stelle „ein Bekenntnis" dar für „unser Streben zur elementaren Kunst". Leider sind keine Innenansichten des Theaters bekannt, dessen Programm trotz seines postrevolutionären Namens vor allem leichte Operetten bot, auch läßt sich in der Berichterstattung der regionalen Presse kein Hinweis auf eine Ausmalung im Sinne der Stijl-Prinzipien, d.h. in der Verwendung von horizontalen und vertikalen geraden Linien sowie rechtwinkliger Flächen in den Primär- und Nichtfarben Schwarz, Weiß und Grau, finden. Die *Allgemeine Thüringische Landeszeitung Deutschland* vermerkte das „originelle Gepräge" der „Farbenpracht" und konstatierte: „Der Theatersaal wirkt eigenartig: hat man das Auge aber erst einmal an dieses seltsame Farbenspiel gewöhnt, dann ist es nicht ohne Reiz."[17] Aufschlußreich ist in diesem Zusammenhang eine Tagebuchnotiz des Hallenser Malers Charles Crodel über seinen

Besuch des Theaters am 18. August, in der er die verwendeten Farben, nämlich orange, gelb, moderrot (?), violett und grün, beschreibt.[18] Die Vermutung, daß die Gestaltung des Theaters eher im stilistischen Zusammenhang mit Röhls etwa zeitgleicher Ausmalung eines Raumes der Weimarer Wohnung von Walter Gropius gesehen werden muß, die nach Augenzeugenberichten expressionistisch düster wirkte, wird hierdurch bestätigt.[19] Auch Nelly van Doesburg korrigierte in einem Brief vom 27. September des Jahres die Darstellung ihres Lebensgefährten, in dem sie darauf hinwies, daß „natürlich hier noch viel verkehrt ist, aber wenn man an seine [Röhls] vorherigen Werke denkt, dann ist es sehr wohl etwas."[20]

Immerhin war Röhl erst im April des Jahres aus dem Bauhaus ausgeschieden, um an die von den konservativen Weimarer Malern Max Thedy und Fritz Mackensen erneut ins Leben gerufene traditionelle Kunsthochschule zu wechseln. Als Meisterschüler Walther Klemms und enger Freund Johannes Molzahns der expressionistischen Stilrichtung verpflichtet, sah sich Röhl nach seiner Begegnung mit van Doesburg einem schwierigen Konflikt gegenüber, der nicht nur in seiner künstlerischen Entwicklung, sondern ebenso in seiner schwankenden Haltung bei der Auswahl von Exponaten zum Ausdruck kommt. So stellte er sich noch im Mai 1922 in Weimar mit Arbeiten aus einer Phase vor, über die Paul Klopfer bemerkte: „Karl Peter Röhl hat feinsinnige Radierungen aus den Zeiten, als er noch auf den Wegen allgemein verständlicher Kunstbegriffe wandelte, ein paar ausgezeichnete Köpfe in Buntstift und eine Anzahl seiner neueren Holzschnitte in der Weimarschau, Marienstr. 18, ausgestellt."[21] Auch in der „I. Internationalen Kunstausstellung" in Düsseldorf, die vom 28. Mai bis 3. Juli 1922 veranstaltet wurde und an der sich die Bauhausmeister, mit Ausnahme Paul Klees, trotz Aufforderung von Seiten Gropius´ nicht beteiligten, war Röhl mit zwei expressionistisch-figurativen Holzschnitten von 1921 vertreten.[22]

Dennoch entstand 1921 eine Anzahl von Werken, in denen Röhl die Prinzipien De Stijls umzusetzen suchte, die van Doesburg in seinen *Grundbegriffen der neuen gestaltenden Kunst* zusammengefaßt hatte: „Im exakt gestalteten Kunstwerk kommt die Gestaltungsidee zu einem unmittelbaren realen Ausdruck durch ständige Aufhebung der Ausdrucksmittel: so wird horizontale Lage durch vertikalen Stand aufgehoben, ebenso das Maß (groß durch klein) und die Proportion (breit durch schmal). Eine Fläche wird aufgehoben durch eine sie begrenzende oder eine zu ihr in Beziehung stehende Fläche usw., dasselbe gilt für die Farbe: eine Farbe wird durch eine andere (z. B. Gelb durch Blau, Weiß durch Schwarz) aufgehoben, eine Farbgruppe durch eine andere Farbgruppe und alle Farbflächen werden aufgehoben durch nicht-farbige Flächen und umgekehrt. Auf diese Weise [...], vermittelst der stetigen Aufhebung von Stand, Maß, Proportion und Farbe wird ein harmonisches Gesamtverhältnis, das künstlerische Gleichgewicht erreicht [...]."[23] Diese konsequente Präzisierung der Gestaltungsmittel sollte durch Gleichgewichtsbeziehungen am reinsten das „Universale, die Harmonie, die Einheit des Geistigen" zum Ausdruck bringen, wie es bereits 1917 Piet Mondrian in der Einleitung zu seiner grundlegenden, theosophisch beeinflußten Schrift *Die Neue Gestaltung in der Malerei* formuliert hatte.[24] In dem strengen Rhythmus von Farb- und Maßverhältnissen, die einerseits durch die exakte Positionsbeziehung von horizontalen und vertikalen geraden Linien, andererseits durch die Abgrenzung der drei Primärfarben, ergänzt durch Weiß, Schwarz und Grau, zur Einheit rechtwinkliger Flächen bestimmt sein sollten, erkannte Mondrian eine Gestaltung kosmischer Urbeziehungen, eine „visuelle Verinnerlichung der Materie".

Abb. 36
Piet Mondrian, Komposition mit
farbigen Flächen und grauen Linien,
1918, Öl/Lwd.
Ehemals Slg. Kröller-Müller, verschollen.

In Röhls Tuschezeichnungen aus der Frühphase seiner Begegnung mit van Doesburg werden die Flächenbeziehungen auf ein ausbalanciertes Verhältnis zwischen Schwarz und Weiß reduziert. Eine Gruppe von hochformatigen Flächenkompositionen weist in ihrer unregelmäßigen Gitterstruktur aus breiteren und dünneren Linien direkte Parallelen zu den ersten Rasterbildern Piet Mondrians aus dem Jahre 1918 auf (Kat. 60, Abb. 36).[25] Als Vorbilder sind auch Werke von Theo van Doesburg zu nennen, wie die *Compositie in grijs* von 1918/19 (Peggy Guggenheim Foundation, Venedig), die sich nachweislich in Weimar befand, sowie seine Entwürfe für Bleifenster, z.B. für die *Grote Pastorale* - ein Auftrag für die Landbouwwinterschool in Drachten, mit dem er 1921 beschäftigt war.[26] Zu dieser Gruppe Röhls gehört außerdem eine quadratische Komposition, die 1923 in dem deutschen Sonderheft der von Lajos Kassák in Wien herausgegebenen ungarischen Exilzeitschrift *MA*, dem wichtigsten Forum der ungarischen Konstruktivisten, publiziert wurde. Hier allerdings mit der Datierung 1922, während das Original die Jahreszahl 1921 trägt.[27] Eine Sonderstellung nimmt eine Zeichnung ein, die ein offenes Liniensystem zeigt, dem einzelne schwarze Flächen zugeordnet sind.[28] Diese Arbeit steht stilistisch einer Gruppe von etwa gleichzeitig entstandenen Zeichnungen Werner Graeffs (*Z-Stijl 1*, 1921, Städt. Museum Abteiberg, Mönchengladbach) nahe, die an Schemata von Schaltkreisen, aber auch an Architekturzeichnungen Mies van der Rohes erinnern, worauf bereits Hans Richter, mit dem Graeff 1923 die Zeitschrift *G* gründete, hinwies.[29]

Eine andere Gruppe von Arbeiten ist durch den allmählichen Verzicht auf die Gitterstruktur zugunsten frei verteilter, länglich-rechteckiger Flächenfelder gekennzeichnet.[30] Diese Darstellungsform führte in einem nächsten Reduktionsschritt zu schwarzen Balken, die in einem ausgewogenen rechtwinkligen Verhältnis auf dem weißen Untergrund verteilt sind, ohne sich zu berühren.[31] Unter diesen Zeichnungen befindet sich auch eine sorgfältig ausgeführte und um 90° Grad gedrehte Kopie nach Vilmos Huszárs *Zittende Figuur* von 1917 (Rijksdienst Beeldende Kunst, Den Haag, Van Doesburg-Archief, Schenking Van Moorsel).[32] Dieser Frühstil der holländischen Stijl-Gruppe, der sich nicht nur in Huszárs bekanntem De Stijl-Signet wiederfindet, sondern auch charakteristisch ist für die schrittweise Abstraktion in Werken Mondrians von 1918 (*Compositie in lijn*, Kröller-Müller Museum, Otterlo) oder van Doesburgs (*Compositie XII*, 1918, Öffentliche Kunstsammlung, Emanuel Hoffmann-Stiftung, Basel), erscheint in einer Reihe von Arbeiten Röhls und ist noch bis in das Jahr 1922 hinein prägend, wie eine Collage aus dem Nachlaß zeigt (Kat. 63). Hier findet sich allerdings schon ein Gegengewicht zu den Balkenformen: das Quadrat.

Beispiele aus dieser frühen Stijl-Periode wird Röhl erstmals öffentlich im Rahmen einer Übersichtsausstellung seiner graphischen Arbeiten im Landesmuseum zu Weimar präsentiert haben, die im April 1922 parallel zu einer Auswahl von Gemälden und Zeichnungen Wilhelm Morgners gezeigt wurde.[33] Wie nicht anders zu erwarten war, reagierte die einflußreiche Rezensentin der *Allgemeinen Thüringischen Landeszeitung Deutschland*, Mathilde Freiin von Freytag-Loringhoven, mit einer hämischen Kritik auf Röhls Hinwendung zu einer geometrischen Formensprache: „Leider ist auch der begabte Peter Röhl in seinen graphischen Ergüssen aller Art von Manier nicht ganz frei zu sprechen. Wenn man die kraftvollen Baum- und Landschaftsstudien aus seiner Anfangszeit sieht, kann man nur bedauern, daß eine so ausgeprägte künstlerische Kraftnatur nicht in Wahrheit und Ernst der Natur und ihrem Studium in eigenster Anschauung nachgegangen ist [...]. Stattdessen

Abb. 37/38/39
Karl Peter Röhl, Baukastenspiel, 1922.
Verbleib unbekannt,
Foto KPRS Weimar.

hat sich sein offenbar ausgeprägter Formensinn in abstrakte Experimente verloren, von denen die große Mehrzahl mehr bautechnischen oder Ingenieurkonstruktionen als künstlerischen Schöpfungen gleichen."[34]

II.

Röhls weitere künstlerische Entwicklung muß in engem Zusammenhang mit dem Stijl-Kurs gesehen werden, den van Doesburg offiziell im Februar 1922 ankündigte.[35] Der Kurs fand vom 8. März bis zum 8. Juli im Atelier Röhls in der Buchfarter Str. 12 II statt. Als Teilnehmer trugen sich mehrheitlich am Bauhaus eingeschriebene Studenten ein. Insgesamt handelte es sich um ca. 40 Interessenten, wovon rund 25 regelmäßig teilnahmen. Unter ihnen befanden sich mit Andor Weininger, Farkas Molnár und Fréd Forbát auch Anhänger der konstruktivistischen Bewegung, die in Opposition zu Itten gemeinsam mit Kurt Schmidt und Peter Keler die KURI-Gruppe (Konstruktiv Utilitär Rationell International) gründeten.[36] Der wöchentlich zweistündig stattfindende Unterricht war in einen theoretischen und praktischen Teil gegliedert, der van Doesburg zugleich die Gelegenheit bot, seine Gedanken zu den Grundlagen räumlichen Gestaltens neu zu formulieren. Tatsächlich fanden die hier vermittelten Erkenntnisse Eingang in seine 1925 in der Reihe der Bauhausbücher publizierte Schrift *Grundbegriffe der neuen gestaltenden Kunst*, die ihre Übersetzung Max Burchartz verdankt. Van Doesburg definiert hier den „Ausgleich des Positiven und Negativen zu exakt harmonischer Einheit" als das Wesen der neuen Gestaltung.[37] In Übereinstimmung mit Mondrian unterscheidet er als reine Ausdrucksmittel der Malerei Farbe (positiv) von Nichtfarbe (negativ), wobei Farbe die Primärfarben (Rot, Blau, Gelb) und Nichtfarbe Schwarz, Weiß, Grau bezeichnet. Als elementare Parameter einer neuen synthetischen Architektur benennt er darüber hinaus Fläche, Masse (positiv) und Raum (negativ), während er die Plastik auf das Verhältnis von Volumen (positiv) und Nichtvolumen (Raum = negativ) zurückführt. Möglicherweise im Zusammenhang mit dem Stijl-Kurs entstanden im Frühjahr 1922 auch vier Diagramme, die unter der Bezeichnung „Generalbaß" die Grundelemente der gestaltenden Künste Malerei, Plastik und Architektur darstellen.[38] Das Diagramm „Grundelemente der Malerei" zeigt eine Konstellation von vier linear konturierten, rechteckigen Farbflächen der Grundfarben Blau, Rot und Gelb und der Unfarbe Schwarz. Ihre unterschiedliche Größe und asymmetrische Verteilung auf dem Malgrund lassen eine dynamische Folge von Farbfeldern und einen Bildraum entstehen. Der „Generalbaß" der Plastik stellt die dreidimensionale Umsetzung dieser Flächen in Quader dar. Sie veranschaulichen nicht nur die räumliche, sondern auch die zeitliche Dimension, da vier Quader im Bildraum zu schweben und sich exzentrisch um den zentralen Körper zu bewegen scheinen. Für die Grundelemente der Architektur drehte van Doesburg diese Darstellung um 90° Grad, so daß sich das Bild eines größeren und höheren zentralen Blocks auf einer imaginären Ebene ergibt, der - unter Zufügung eines weiteren Quaders - an allen vier Seiten von kleineren, nahezu identischen Kuben umgeben ist.

Von seiten des Bauhauses wurde der Stijl-Kurs mit Mißtrauen betrachtet, wie Oskar Schlemmer in einem Brief von Ende März 1922 anschaulich schildert: „Einer der besonders Angriffslustigen hier ist van Doesburg, jener Holländer, der so radikal Architektur will, daß Malerei, sofern sie nicht nur ein Abglanz dieser ist, nicht existiert für ihn. Er ist ein sehr beredter Verfechter seiner Ideen, so daß er die Bauhaus-Schüler in seinen Bann zieht, besonders jene, die den Bau vor allem wollen und das Zentrum suchen, das das Bauhaus, ihrer Meinung nach, schuldig bleibt. Es ist ihm fast leicht gemacht, von seinen Ansichten her das Bauhaus und seine Meister abzulehnen. [...] Er negiert das Handwerk (den Brennpunkt des Bauhauses) zugunsten des modernen Mittels: der Maschine. Mit der ausschließlichen Anwendung von Horizontal und Vertikal in Architektur und Kunst vermeint er den Stil zu schaffen, der das Individuelle negiert zugunsten eines Kollektivismus."[39]

In der Tat reagierte van Doesburg mit seinem in Konkurrenz zum Bauhaus stattfindenden Kurs auf das Bedürfnis der Bauhaus-Studenten nach einem Unterricht im gestalterischen Entwerfen, das sich auf den Bau als Einheitskunstwerk bezog.[40] Arbeiten der Schüler haben sich nur wenige und überdies meist in Form von Fotos erhalten, darunter Hausentwürfe von Max Burchartz, Egon Engelien, Bernhard Sturtzkopf und Hans Vogel.[41] Aus dem Besitz Karl Peter Röhls sind mehrere Fotos bekannt, die eine Art Baukastensatz, bestehend aus unterschiedlich großen und farbigen Quadern, in verschiedenen Positionen zeigen (Abb. 37-39). Sicherlich weisen diese Bauklötze auf Alma Buschers Kinderspielzeug von 1923 voraus, gleichwohl handelt es sich hier um eine Adaption des erwähnten „Generalbasses der Architektur" van Doesburgs, geeignet für den spielerischen Umgang mit Masse und Raumvolumen. Darüber hinaus lassen sich Parallelen zu den ersten gemeinsam mit Cornelis van Eesteren gefertigten Maquetten van Doesburgs ziehen.[42]

In einem Brief an Adolf Behne vom 8. September 1922 gibt der niederländische Künstler nach Abschluß des Kurses einen ausführlichen Rechenschaftsbericht über seine Bemühungen und erwähnt in diesem Zusammenhang Röhls Baukastenspiel ebenso wie seine hier erstmals detailliert vorgestellte Farbenlehre, die durch Studienblätter von Andor Weininger und Röhl dokumentiert ist: „Ich habe mit meinem Kurs in Weimar viel Erfolg gehabt. Habe in Peter Röhl´s Atelier unsere Ansichten der Neue Gestaltung entwickeln können in 15 Vorträge. [...] Und, obschon nicht alle (ungefähr 35 Schüler) recht verstehen was wir bestreben, sind doch einige der intelligenteren begeisterte Anhänger des Stijls geworden. Außerordentlich gut arbeitet der Maler Max Burchartz. Er hat sich ganz umgestellt und nebst gute Bilder auch gute neo-plastische Gegenstände gemacht. Auch Peter Röhl (Kin-

derspielzeug) sehr interessant. Weiter Egon Engelien, Erffa, Fuchs, Meister Zachmann (eine sehr starke Propagandist für das Neue) und die zwei junge Architekts Hans Vogel und Sturtzkopf versprechen viel für die Zukunft.[...] Mit meine neue (gestaltende) Farbenlehre, welche ich am erste Mal in meine Kursus auseinandergesetzt habe, hatte ich große Erfolg. Da waren auch Dexel und Hartmann, Mohlzahn usw. welche sich interessierten."[43] Während Farbkompositionsübungen Weiningers nach dem Konstruktionsschema der dreiteiligen *Compositie XVIII* van Doesburgs aus dem Jahre 1920 (Rijksdienst Beeldende Kunst, Den Haag; Van Doesburg-Archief, Schenking Van Moorsel, Leihgabe an Kröller-Müller Museum, Otterlo; Abb. 40) dokumentiert sind, haben sich aus dem Besitz Röhls Fotos von didaktischen Farbreihen, geordnet nach verschiedenen Dissonanzkriterien, sowie weitergehende freie Übertragungen ins Malerische erhalten.[44]

Van Doesburg vermittelte seinen Schülern dank seiner weit verzweigten internationalen Kontakte wichtige Kenntnisse über die Avantgardebestrebungen in anderen europäischen Ländern und verfügte über ein reiches Anschauungsmaterial an Kunstbüchern und internationalen Kunstzeitschriften sowie über eine gut bestückte Dia-Sammlung, die er für seine öffentlichen Vorträge brauchte.[45] Wie bekannt ist, hielt er aufgrund einer Einladung durch Walter Dexel am 29. März 1922 einen Vortrag mit dem Titel *Der Wille zum Stil* im Jenaer Kunstverein und nur wenige Tage später am 3. April in Weimar vor einem „leidlich gefüllten Saal", dessen Publikum hauptsächlich aus Bauhäuslern bestand. Die Kritikerin der *Allgemeinen Thüringischen Landeszeitung Deutschland*, Mathilde Freiin von Freytag-Loringhoven, schrieb über diesen Weimarer Auftritt: „Er [van Doesburg] bezeichnete den Gedanken des Dualismus, der Polarität als Grundlage des Weltbildes: die Synthese daraus als die Lösung im Ausgleich der beiden Pole. [...] Vom kommenden Stil erhofft Theo van Doesburg Erlösung und Ruhe. Ihm werden Bestimmtheit, Offenheit, Klarheit, religiöse Energie, Wahrheit, Einfachheit, Synthese, logische Konstruktion usw. eignen. [...] Theo van Doesburg reihte Behauptung an Behauptung, gab zu wenig Erklärungen, auch in der Einleitung, als welche er eine Reihe Lichtbilder modernen Kunstwollens nur mit musikalischer Ausdeutung vorführte. Frau van Doesburg gab den Akkordreihen nach Möglichkeit Ausdruck."[46]

Van Doesburgs „Generalbaß der Malerei" spielt in Röhls Werken aus dieser Zeit eine große Rolle. So findet sich auf dem Umschlag eines 1923 erschienenen *MA*-Heftes eine Komposition des Künstlers, gebildet aus einem großen Quadrat und einem kleineren liegenden Rechteck, von der eine Variante 1927 in der Jubiläumsausgabe von *De Stijl* publiziert wurde - hier unter dem Titel *Evenwichtscompositie (Gleichgewichtskomposition)*.[47] Zu dieser Gruppe von Gleichgewichtsübungen mit zwei oder mehreren unterschiedlichen rechtwinkligen Flächen gehören außerdem verschiedene Collagen aus Buntpapier.[48] Daneben erscheinen immer wieder Mischformen mit schmalen Balken, wie sie für Zeichnungen von 1921 charakteristisch sind. Ein großformatiges Blatt wurde 1924 in *De Stijl* abgebildet (Abb. 41). Leider existieren hiervon nur noch zwei Fotos aus dem Nachlaß.[49]

Dem geforderten Purismus der neo-plastischen Gestaltung stand Röhls ausgeprägte spielerische Experimentierlust entgegen, die sich trotz beständiger Disziplinierungsversuche immer wieder Ausdruck sucht. Bezeichnend hierfür ist beispielsweise eine Gouache des Künstlers von 1922, die das legendäre Drachenfest des Bauhauses in abstrahierter Form darstellt, über dem nicht nur ein Stijl-Drache, sondern außerdem vier weitere Grundelemente der van Doesburgschen Lehre in den Himmel entschweben.[50] Eine andere Gouache zeigt einen aus Quadraten und

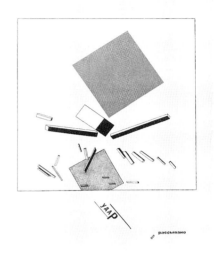

Rechtecken geformten Drachen, der auf ein Haus abgestürzt ist und von geometrischen Trümmerflächen umgeben ist (Abb. 42). Sowohl im erzählerischen Ton als auch im Stil erinnert das Blatt an El Lissitzkys berühmtes Kinderbuch, das van Doesburg unter dem Titel *Van twee kwadraten* 1922 in einem *De Stijl*-Sonderheft herausgab (Abb. 43).[51] In diesen Umkreis gehört außerdem die farbige Gouache eines geometrisch abstrahierten Drachenfliegers mit streng vertikalem Schwanz, in der ein rotes Quadrat mit stilistischen Elementen des russischen Konstruktivismus und einem schwarzen Quadrat verbunden ist (Kat. 58). Wie Röhl immer wieder in seinen Erinnerungen betonte, verwies das schwarze Quadrat auf Malewitsch und Lissitzky, das rote Quadrat symbolisierte hingegen die radikale Veränderung der modernen Kunst und die Verantwortung des Künstlers für die Gesellschaft im Sinne De Stijls.[52]

Während van Doesburg in der zweiten Hälfte des Jahres 1922 in *De Stijl* und *Mécano* seine Angriffe auf das Bauhaus verstärkte, auch als Reaktion auf die Berufung Kandinskys als Bauhausmeister, auf die er sich wohl selber noch Hoffnung gemacht hatte,[53] suchte er gleichzeitig nun gezielt den Zusammenschluß mit den osteuropäischen Konstruktivisten, in deren kollektivistischen Zielen er Übereinstimmungen mit der Universalphilosophie De Stijls erkannte. Insbesondere die persönliche Begegnung mit El Lissitzky in Berlin im April 1922 führte zu einer kurzen, aber intensiven Zusammenarbeit. In deren Folge erschien nicht nur Lissitzkys Kinderbuch in *De Stijl*, begleitet von einem ausführlichen Artikel van Doesburgs über die russische Kunst, sondern es wurde auch gemeinsam mit Graeff und Richter eine „Internationale Fraktion der Konstruktivisten" gegründet, die den ersten Kongreß der „Union Internationaler Fortschrittlicher Künstler" im Juni 1922 in Düsseldorf sprengte.[54] Für Röhl bedeuteten diese Aktivitäten van Doesburgs, zu denen darüber hinaus dessen dadaistisches Doppelleben als I. K. Bonset zählte, einen Strudel von Ereignissen und Erfahrungen, die ihn ins Zentrum der künstlerischen Auseinandersetzungen jener Zeit zogen. So war er nicht nur an der Lagebesprechung kurz vor dem Düsseldorfer Eklat Anfang Juni in Weimar beteiligt, an der u.a. Richter, Lissitzky, Graeff und van Eesteren teilnahmen, sondern spielte außerdem eine Rolle bei dem im September 1922 durch van Doesburg in Weimar organisierten „Internationalen Kongreß der Dadaisten und Konstruktivisten".[55] Gemeinsam mit seiner ersten Frau Alexa, einer Bauhaus-Studentin, nimmt Röhl auf den wenigen erhaltenen Fotos dieses für Weimar spektakulären Treffens inmitten von Künstlern wie Tristan Tzara, Kurt Schwitters, Hans Arp, Lissitzky und Moholy-Nagy eine auffällige Position ein (Abb. 8). Weiterhin wird er als Teilnehmer des ersten großen Dada-Abends in Jena genannt, wo auf Einladung Walter Dexels am 27. September Arp, Tzara, Schwitters und die van Doesburgs im Jenaer Kunstverein auftraten.[56] Nur zwei Tage später tauchte er im Konvoi dieser Künstler auch auf dem *Dada-Revon* der Galerie von Garvens in Hannover auf und trug sich ins Gästebuch von Käthe Steinitz ein, mit deren Hilfe Schwitters seine hintersinnigen *Märchen vom Paradies* typographisch gestaltete (Abb. 10). Die Eintragung Röhls stellt eine Rorschachtest-ähnliche Faltzeichnung dar, versehen mit dem Text: „Funkspruch: DaDa / die Sonne DAda, die Maschine, die wir uns alle in die Blute [sic] unserer Herzen kritzeln. DADa."[57] Seiner Fähigkeit, Geschichten zu erzählen, verdankt er es wohl auch, daß Kurt Schwitters ihn dadaistisch verfremdet als Onkel Peter in Verbund mit Drachenflieger und Quadraten in seiner 1925 im *Sturm* erschienenen Groteske *Merfüsermär* verewigte.[58]

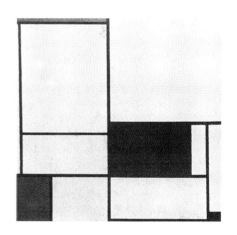

Röhls Briefe an van Doesburg sind gleichfalls von einem dadaistischen Ton geprägt und beinhalten gelegentlich kleine Zeichnungen von absurden Rädermaschinchen, die entfernt an Molzahn oder Robert Michel erinnern. Den tiefgreifenden Konflikt zwischen individualistischer und kollektivistischer Kunstauffassung, dem sich Röhl zweifellos aufgrund seiner Persönlichkeit gegenübergestellt sah, brachte er auf ironische Weise in seiner 1922 in *Mécano* veröffentlichten Karikatur *Der Distelseher* zum Ausdruck (Abb. 33).[59] Unter Bezug auf eine Übungsaufgabe im Ittenschen Vorkurs, die dem innerlichen Erfassen einer Distel galt, konfrontierte er hier eine expressive, „erleuchtete" Gestalt mit einer roboterhaft geometrisierten Figur.

III.

Als „gläubiger Jünger der Quadrate in der Malerei", wie Röhl spöttisch von Hans Richter genannt wurde, verfolgte er jedoch weiterhin die Grundlagen der neo-plastischen Gestaltung.[60] Im Gegensatz zu den frühen Tuschezeichnungen mit ausschließlich schwarzen Flächen entstanden nun - parallel oder nach Abschluß des Stijl-Kurses - Kompositionen aus großflächigen Rastern, in denen, ähnlich wie bei Mondrians Bildern der Jahre 1920-22, nur wenige Flächen einen Farbwert besitzen (Kat. 61, Abb. 44).[61] Einen extremen Reduktionsgrad erreichen Zeichnungen aus reinen Gitterstrukturen, deren Linien teilweise, wiederum vergleichbar mit Mondrians Werken (beispielsweise *Komposition mit Blau, Gelb, Rot, Schwarz und Grau*, 1922, Stedelijk Museum, Amsterdam), nicht bis zum Bildrand durchgezogen sind. Eine Variante dieser puristischen Rasterbilder zeigt ein Ölbild, das erst seit kurzem wieder im Kunsthandel aufgetaucht ist (Abb. 45). Das zwischen zwei vertikale Achsen eingespannte Raster besteht aus unterschiedlich dünnen farbigen Linien in den Farben Rot, Gelb, Blau und Schwarz, die über den Bildrand hinausweisen. Farbige Gitterlinien sind zwar im Werk Mondrians, mit Ausnahme von Grau, unbekannt, gleichwohl lassen sich Bezüge zu van Doesburgs Bild *Russische dans* (1918, The Museum of Modern Art, New York, Abb. 46) und zu seiner 1923 ausgeführten Studie für *Compositie XXV* (1923, Rijksdienst Beeldende Kunst, Den Haag; Van Doesburg-Archief, Schenking Van Moorsel, Leihgabe an Kröller-Müller Museum, Otterlo) nachweisen. Röhl präsentierte sein Bild auf der wohl zum Abschied van Doesburgs veranstalteten Stijl-Ausstellung in Weimar, wie das einzige bekannte Foto dieser Schau zeigt, auf die noch an anderer Stelle eingegangen wird (Abb. 47).

Nur wenige Stijl-Gemälde Röhls sind dokumentiert, lediglich drei erhalten - eine Feststellung, die gleichermaßen für andere Mitglieder der Weimarer Gruppe wie Burchartz, Graeff oder Peter Keler gilt. Eines der ersten Gemälde, das Röhl nach seinen intensiven zeichnerischen Übungen in der zweiten Hälfte 1922 fertigstellte, wurde durch van Doesburg noch im *De Stijl*-Dezemberheft in einer Gegenüberstellung zu seinem eigenen, 1921 entstandenen Bild *Compositie XXII* (Stedelijk Van Abbemuseum, Eindhoven) veröffentlicht (Abb. 48).[62] Wie eng die europäischen Avantgardegruppen zu Beginn der zwanziger Jahre miteinander verflochten waren, verdeutlicht der Umstand, daß dieses Bild ebenfalls in dem deutschen Sonderheft der ungarischen Zeitschrift *MA* publiziert wurde.[63]

In der Verteilung und Zuordnung kleinerer Farbflächen um ein dominantes, zentrales Rechteck weist Röhls Komposition eine direkte Abhängigkeit von dem Vorbild van Doesburgs auf. Leider läßt sich über die Farbgebung dieses Bildes keine Aussage machen, doch sind zwei andere Ölbilder des Künstlers bekannt, die nur wenig später in der ersten Hälfte 1923 entstanden sein müssen. Die mit *N.B. STYL* betitelte Komposition aus dem heutigen Besitz der Stiftung Bauhaus Dessau zeigt

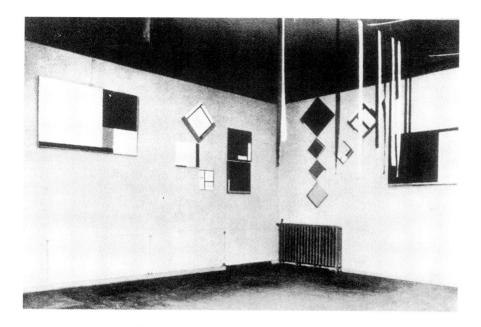

eine vergleichbare Aufteilung von Farbflächen um ein dominantes Quadrat, die ohne begrenzende Rasterlinien direkt aneinanderstoßen (Abb. 35). Die Farbgebung besteht entgegen der Primärfarbenlehre De Stijls aus abgetönten Graublauschattierungen, wie auch in van Doesburgs *Compositie XXII* Abweichungen von der orthodoxen Theorie festzustellen sind. Röhls Bild wurde durch Graf Wilhelm Kielmansegg, einem ehemaligen Assistenten des Düsseldorfer Galeristen Alfred Flechtheim, für seine bedeutende Sammlung konstruktivistischer Kunst erworben, die vom 27. Januar bis zum 3. März 1924 im Weimarer Landesmuseum zu besichtigen war.[64] Die Sammlung umfaßte Werke der Ungarn László Péri und Moholy-Nagy, des Russen El Lissitzky, aber auch zwei Kompositionen von Piet Mondrian[65] sowie mit der dreiteiligen *Compositie XVIII* ein Hauptwerk van Doesburgs neben zahlreichen weiteren Werken von Vertretern der Weimarer Stijl-Gruppe wie Molnár, Burchartz, Dexel, Teltscher, Weininger und Schwerdtfeger. Nachdem Graf Kielmansegg sich vergeblich bemüht hatte, seine Sammlung dauerhaft bei den Weimarer Kunstsammlungen zu präsentieren, sah seine Witwe sich nach der großen Basler Konstruktiven-Ausstellung von 1937 in Zeiten nationalsozialistischer Kunstsäuberungsaktionen gezwungen, Teile hiervon zum Verkauf anzubieten.[66]

Auch das zweite erhaltene Gemälde aus dem Jahre 1923, das 1960 von der Niedersächsischen Landesgalerie in Hannover erworben und 1979 an das Sprengel Museum übergeben wurde, steht dem Dessauer Bild in der Anordnung verschiedener kleinerer Farbflächen um ein Zentrum stilistisch sehr nahe. Im Unterschied zu Bildern Peter Kelers, etwa *Stijl 1* von 1922 (Kunstsammlungen zu Weimar), das in den unvermischten Primärfarben und den Nichtfarben Schwarz, Weiß und Grau eine didaktische Paraphrase des van Doesburgschen Farbenunterrichts darstellt, verwendet Röhl in seinem Gemälde wiederum abgetönte Mischfarben, darunter Braungrau, Rosa und Graublau. Eine verwandte unorthodoxe Farbwahl findet sich hingegen in Werken Walter Dexels *(Komposition,* 1924, Hamburger Kunsthalle) und in César Domelas *Composition géometrique no. 4* (1923, Musée National d´Art Moderne, Centre Georges Pompidou, Paris).

Abb. 49
Karl Peter Röhl, Plakat der
„Konstruktivistischen Ausstellung",
Atelier Josef Zachmann, Weimar 1923.

Abb. 48
Seite aus: De Stijl, 5. Jg., 1922, Heft 12.

Bereits in der ersten Hälfte 1923 müssen auch diejenigen Bilder Röhls entstanden sein, die in direkter Nachfolge des sogenannten peripheren Bildtyps Mondrians eine Konzentration auf wenige Flächen aufweisen. Das zeigt ein Ausstellungsfoto der Großen Berliner Kunstausstellung vom Mai 1923, auf dem im Hintergrund zwei quadratische Tafeln Röhls zu erkennen sind, deren Kompositionszentrum aus einem übergroßen Quadrat gebildet wird, das an zwei Seiten an den Bildrand anstößt und an den beiden anderen Seiten von längsrechteckigen schmalen Flächen gerahmt ist.[67] Sowohl die holländischen Stijl-Mitglieder, darunter Huszár, Rietveld und van Doesburg, als auch die Weimarer Gruppe mit Dexel, Graeff, Burchartz und Röhl waren in Berlin gut vertreten und konkurrierten mit den Werken der Bauhausmeister und Bauhausschüler. Das Ereignis der Ausstellung war jedoch die Präsentation des Prototyps von Lissitzkys berühmtem *Abstrakten Kabinett*.[68]

Auch in Weimar, wo nicht nur im Juni 1923 mit László Moholy-Nagy ein herausragender Vertreter des ungarischen Konstruktivismus an das Bauhaus berufen wurde, sondern inzwischen Walter Gropius die Zukunftsparole „Kunst und Technik. Die Neue Einheit" verkündet hatte, zeigten sich die veränderten Prämissen der Kunst. Noch im September 1922 hatte Feininger wohlwollend über van Doesburg geschrieben: „Für die meisten ist der unsentimentale, wenn auch völlig ungeniale Doesburg, so etwas wie eine Stütze, unter all den unruhigen und widerstreitenden Einzelansichten. [...] Wenn er Meister am Bauhaus würde, wäre er dem ganzen nicht schädlich, sondern eher nützlich, weil er ein Gegenpol zu mancher verstiegenen Romantik, die bei uns spukt, bedeutet. Vermutlich wäre er aber nicht fähig, sich innerhalb seiner Grenzen einzuschränken, sondern würde, wie Itten seinerzeit, bald das Ganze kommandieren wollen."[69] Ein Jahr später beklagte er sich angesichts der Anstrengungen, die das Bauhaus im Rahmen der großen Ausstellung im Spätsommer 1923 unternahm: „Aber was will man: Viele Künstler heute, wollen nur Techniker sein: Stylgruppe, Konstruktivisten, Suprematisten."[70] Sein Eindruck wurde von dem Herausgeber des *Kunstblattes*, Paul Westheim, geteilt, der eine treffende Glosse über die „Quadratur des Bauhauses" schrieb - eine Beobachtung, die sich vor allem auf die Gestaltung des Musterhauses am Horn und dessen Einrichtung bezog.[71]

Van Doesburg, der noch im Mai 1923 in einem Brief an Röhl und Moholy-Nagy erstmalig seine konkreten Vorstellungen bezüglich einer Anstellung an das Bauhaus formuliert hatte, konnte sich, trotz der für ihn enttäuschenden Berufung Moholy-Nagys, seines Einflusses in Weimar sicher sein.[72] Zwar hatte er sich ab Mai aus Weimar zurückgezogen und war nach Paris gegangen, um dort die umfangreiche De Stijl-Architekturausstellung in der Galerie „L´Effort Moderne" von Leonce Rosenberg vorzubereiten, doch fanden parallel zur Selbstdarstellung des Bauhauses zwei Ausstellungen in Jena und Weimar statt, die seine Überzeugungen präsentierten. Mit einem Vortrag Adolf Behnes eröffnete am 8. Juli die von Walter Dexel organisierte Konstruktivisten-Ausstellung im Wandelgang des Stadttheaters, das nach seinem Umbau durch Gropius und Adolf Meyer zu einem Symbol des Neuen Gestaltens geworden war.[73] Zu den Teilnehmern zählten Willi Baumeister, Erich Buchholz, László Péri, Arthur Segal, Oskar Fischer und der Kern der Weimarer Stijl-Gruppe: Burchartz, Dexel, Röhl. Obschon die Ausstellung nicht als Stijl-Demonstration deklariert war, stellte dennoch Paul Westheim als außenstehender Beobachter fest: „Die Leute vom ´Stijl´ zeigen in Jena eine Protestausstellung; sie behaupten, die einzig wahren Quadrate zu haben."[74] Als „Konstruktivistische Ausstellung" bezeichnete sich auch eine Schau, die in Weimar in unmittelbarer räumlicher Nähe zum Bauhaus, nämlich im Steinschen Haus, vom 22. August bis zum 15. September 1923 durch Burchartz, Dexel, Röhl und Josef Zachmann veranstaltet wurde.[75] Im Gegensatz zur Ausstellung der freien Kunst der Meister und Schüler des Bauhauses im Weimarer Landesmuseum wurde sie von der regionalen Presse erstaunlich positiv beurteilt: „Joseph Zachmanns konstruktivistische Ausstellung steht schon ein paar Wochen in der ehemaligen Weimarer Russischen Kirche im Steinschen Haus und das Interesse für diese im besten Sinne moderne Kunst nimmt täglich zu. Auch die Arbeiten von W. Dexel und die besonders schönen und in ihren Gegensätzen und Auflösungen harmonischen Farbenzusammenstellungen von Max Burchartz und Peter Röhl gewinnen allgemeinen Beifall. [...] Was diese wirklich neue, vielleicht einmal auf die Gestaltung der internationalen Architektur maßgebend übergreifende Kunst will und kann, ist nicht in einem Wust von konfusen Massenerzeugnissen, sondern in wenigen erlesenen Proben klar, deutlich und unwiderstehlich überzeugend dargetan."[76] Das von Röhl entworfene Plakat führt neben Rechteck und Quadrat eine folgenreiche Neuerung im Werk des Künstlers vor: das auf die Spitze gestellte rote Quadrat, eine Raute (Abb. 49). Gerade am Beispiel der ersten mit Text arbeitenden Werke Röhls läßt sich nachvollziehen, wie hier parallel zu der Entwicklung am Bauhaus eine eigenständige Synthese aus dem Formenvokabular der dadaistischen, konstruktivistischen und Stijl-Typographie entstanden ist.[77] So tanzt auf dem der Eigenwerbung des Künstlers dienenden Plakat von 1923 eine graue Raute zwischen dem van Doesburg gewidmeten roten Quadrat und dem schwarzen Lissitzkys (Kat. 66). Auch in Zeichnungen und Gemälden tauchen nun, neben weiteren strengen Gitterkonstruktionen, die ersten Diagonalkompositionen auf. Ähnlich wie einige der frühen Rautenbilder Mondrians aus dem Jahre 1918 stellen sie im Grunde ein um 45° gedrehtes Rasterbild dar, dessen Linien entsprechend diagonal verlaufen.[78] Während Mondrian sich ab 1921 erneut mit Rautenkompositionen beschäftigte, jedoch am rechtwinkligen Raster festhielt, verwendete Röhl die Diagonale als dynamische Komponente auch in anderen Werkgruppen und griff hiermit van Doesburg voraus, der erst 1924 mit seinen *Kontra-Kompositionen* begann, die zu dem bekannten Zerwürfnis mit Mondrian führten.[79]

In dem Jubiläums-Heft seiner Zeitschrift *De Stijl* publizierte van Doesburg 1927 als Illustration zu einem Rückblick Röhls auf die Weimarer Zeit ein Ausstellungsfoto mit der ominösen Unterschrift: „Festsaal zu Ehren des Stijls. Erinnerung an den Meister Theo van Doesburg und Petro, veranstaltet von der Gruppe Stijl, Weimar. Peter Röhl." (Abb. 47).[80] Die Datierung dieses Fotos ist bislang umstritten und wird überwiegend in Zusammenhang mit der erwähnten „Konstruktivistischen Ausstellung" diskutiert. Dieser Deutung widersprechen die räumlichen Bedingungen des bezeichneten Ausstellungsraums im Steinschen Haus. Er besitzt auf beiden Längswänden eine Reihe von Fenstern, die auf dem Foto fehlen. Nur Sjarel Ex hat bislang die Bildunterschrift und die auf dem Foto deutlich zu erkennenden Luftschlangen wörtlich genommen und mit einer Abschiedsfeier im Atelier von Max Burchartz zu Ehren van Doesburgs, der sich aus Anlaß seiner großen Retrospektive noch einmal zum Jahreswechsel 1923/24 in Weimar aufgehalten hatte, in Verbindung gebracht.[81] Burchartz hatte über diese Ausstellung, die offiziell vom 16. Dezember 1923 bis zum 23. Januar 1924 im Weimarer Landesmuseum zu sehen war, einen enthusiastischen Artikel in der örtlichen Tageszeitung veröffentlicht.[82] Da auf dem Foto ausschließlich Werke von Röhl zu sehen sind, die zum Teil erst in der zweiten Jahreshälfte entstanden sein können, spricht vieles für diese spätere Datierung. Einem Brief des Museumsdirektors, Wilhelm Köhler, an van Doesburg zufolge, muß die Abschiedsfeier vor dem 2. Februar 1924 stattgefunden haben.[83] Die Ausstellung war übrigens nach einer Verlängerung unter der Aufsicht Röhls abgehängt worden.

Das Foto dokumentiert zwar Werke, die nicht mehr erhalten sind, von denen gleichwohl teilweise weitere Fotos existieren; andere lassen sich mit stilistisch verwandten Zeichnungen in Verbindung bringen. So befindet sich im Nachlaß Röhls eine farbige Tuschezeichnung mit zwei Entwürfen, datiert 1924, von denen der rechte im unmittelbaren Zusammenhang mit den beiden großen Rechteckkompositionen auf dem Foto steht (Kat. 62). Die beiden übereinanderhängenden quadratischen Tafeln bilden Varianten zu den Exponaten Röhls auf der Großen Berliner Kunstausstellung im Sommer 1923. Auch die *Gelbe Raute* aus dem Nachlaß Röhls stellt ein charakteristisches Beispiel für diese Gruppe dar (Kat. 65). Sie wird durch ein großes farbiges Quadrat bestimmt, das an zwei Seiten an den Bildrand stößt und an den beiden anderen Kanten von zwei schmalen Rechteckstreifen begrenzt ist. Die Flächenfarbe Weiß spielt hier im Gegensatz zu anderen Werken Röhls nur eine geringe Rolle. Auffällig auf dem Foto sind außerdem die verschiedenen Variationen von Rautenbildern mit diagonalem Linienraster und die gestaffelte Hängung von Rauten unterschiedlichen Formats, die entfernt an das Drachenmotiv erinnern. Noch 1930 greift van Doesburg in seiner *Arithmetischen Compositie* (Privatbesitz, Schweiz) auf eine ähnliche Komposition aus vier gleichmäßig gestaffelten Rauten zurück.

Mit Werken, wie den aus reinen Gittern ohne Farbflächen gebildeten, wird sich Röhl 1924 erneut auf der Großen Berliner Kunstausstellung an der Seite der holländischen und Weimarer Stijl-Anhänger vorgestellt haben. In seiner Besprechung der konstruktivistischen Teilnehmer der Ausstellung ging Ernst Kállai ausführlich auf die Unterschiede zwischen den Holländern und den Russen ein und erwähnte in diesem Zusammenhang auch Burchartz und Röhl: „Burchartz, der schon eine Stijl-Periode des Quadratischen hinter sich hat, durchbricht die starre Wand der Flächen mit Konstruktionen geometrischer Elementarkörper. Der von Stijl kultivierte strenge Kanon der statischen Gestaltung mit Flächen in der Fläche, bedeutet überhaupt eine Beschränkung, der selbst deutsche Gefügigkeit sich nur schwer unterwerfen kann. Peter Röhl, von dem man auf der vorjährigen Großen Berliner Kunstausstellung sehr schöne Bilder in Stijl-Manier sehen konnte, gibt sein Eigenstes in gewagt ausbalancierten Linearkonstruktionen auf weißer, strukturloser Fläche."[84] Trotz dieses unverhohlenen Lobes durch den ungarischen Kunstkritiker entstanden zwar 1924 und noch 1925 Stijl-Kompositionen, Quadrate wie Rauten, auch planimetrische Farbentwürfe oder, nach dem Vorbild Moholy-Nagys und Lissitzkys, Experimente mit Kreisflächen, doch scheinen diese Versuche Röhl letztlich nicht befriedigt zu haben. Noch bevor er sich, wie Burchartz, zum Verlassen Weimars entschied, um in Frankfurt/M. einen Neuanfang zu wagen, erkannte van Doesburg in ihm einen Abtrünnigen, wie er Walter Dexel am 15. September 1924 schrieb, der sich „an Frauenporträts schuldig gemacht hat".[85] Und angesichts der allgemeinen Auflösung der Weimarer Stijl-Gruppe bekannte er gegenüber dem Jenaer Freund: „Mein Traum in Deutschland, in der Heimat Nietzsches, ein vollkommenes Bild meiner Doktrin zu entwickeln, ist mir versagt."

1 Brief Karl Peter Röhl an Theo und Nelly van Doesburg, undatiert, Rijksdienst Beeldende Kunst, Den Haag, Archief Theo van Doesburg, Schenking Van Moorsel.

2 Feininger hatte den früheren Meisterschüler der Großherzoglich Sächsischen Kunsthochschule mit leicht ironischem Unterton als „expressionistisches ´Genie` bezeichnet, vgl. Brief Feiningers an Julia Feininger, 22.5.1919, Houghton Library, Harvard University, Cambridge, Mass. Zum 1.4.1921 wechselte Röhl an die in Konkurrenz zum Weimarer Bauhaus neugegründete Kunstakademie.

3 Paul Klopfer, Bauhaus-Ausstellung, in: Allgemeine Thüringische Landeszeitung Deutschland, 74. Jg., Nr. 119, 3.5.1922.

4 Theo van Doesburg, Rondblik. Duitsland. - Ausstellung von Arbeiten der Gesellen und Lehrlinge im Staatlichen Bauhaus, Weimar. April - Mai 1922, in: De Stijl, V. Jg., Nr. 5, Mai 1922, S. 71-74. Interessant ist, daß auch die nationalkonservative Kritikerin Mathilde Freiin von Freytag-Loringhoven ähnliche Argumente anführte: „Sollte sich die schöpferische Phantasie des jungen ´Bauenden` nicht anders anregen lassen, als durch alten schmutzigen Kehricht, den andere Menschen möglichst aus ihrem Gesichtskreis verbannen […]. Ließe sich das Herausfinden des Materials, in dem der junge Handwerker arbeiten möchte, nicht in schönerer Form erzwingen, als durch Dinge, die doch nichts wie häßlicher Abfall sind, in gut Weimarisch ´Dreck` genannt." Vgl. Mathilde Freiin von Freytag-Loringhoven, Die neuesten Weimarer Kunstausstellungen und meine Ansicht, in: Allgemeine Thüringische Landeszeitung Deutschland, 74. Jg., Nr. 128, 12.5.1922.

5 Vgl. hierzu: Stephan von Wiese, „Laßt alle Hoffnung fahren!" Bauhaus und De Stijl im Widerstreit, in: Sammlungskatalog Bauhaus-Archiv, Berlin 1981, S. 265-270. - Wulf Herzogenrath, Ein unterschiedlich bewerteter Einfluß: Theo van Doesburg in Weimar 1920 -1922, in: Bauhaus-Utopien, Arbeiten auf Papier, hrsg. v. W. Herzogenrath, Ausst. Kat. Nationalgalerie Budapest u.a.O., Stuttgart 1988, S. 61-63. - Ders., Theo van Doesburg und das Bauhaus, in: Das frühe Bauhaus und Johannes Itten, Ausst. Kat. Kunstsammlungen zu Weimar u.a.O., Stuttgart 1994, S. 107-116.- Magdalena Droste, Bauhaus 1919-1933, Köln 1990, S. 54-58.

6 Siehe für eine detaillierte Darstellung dieser ersten Reise van Doesburgs und seines späteren Aufenthaltes in Weimar: Sjarel Ex, De blik naar het oosten: De Stijl in Duitsland en Oost-Europa, in: De vervolgjaren van De Stijl 1922-1932, red. v. Carel Blotkamp, Amsterdam/Antwerpen 1996, S. 67-112.

7 Brief Theo van Doesburgs an Antony Kok, Leiden, 7.1.1921, Rijksdienst Beeldende Kunst, Den Haag; Van-Doesburg-Archief, Schenking Van Moorsel. Hier zit. nach dem niederländischen Originaltext in: Theo van Doesburg 1883-1931. Een documentaire op basis van materiaal uit de schenking Van Moorsel, samengesteld door Evert van Straaten, Den Haag 1983, S. 99 (Übersetzung d. Verf.).

8 So verlegte van Doesburg auch das De Stijl-Redaktionsbüro nach Weimar (Heft 5, 1921-Heft 5, 1923), wo ab Februar 1922 außerdem die ersten Hefte der Dada-Zeitschrift Mécano erschienen.

9 Brief Theo van Doesburgs an Antony Kok, Weimar, 12.9.1921, Rijksdienst Beeldende Kunst, Den Haag; Van Doesburg-Archief, Schenking Van Moorsel. Vgl. Abb. in: Ex, a.a.O. (siehe Anm. 6), S. 68.

10 Friedrich Markus Huebner, Die holländische „Styl"-Gruppe, in: Das Feuer, 2. Jg., 1920/21, Bd. 1, April-Mai, S. 267-278. Der Artikel beinhaltet ausschließlich Abbildungen der Werke van Doesburgs, darunter eine Folge von sieben Bildern, in denen didaktisch eine Entwicklung vom Realismus hin zur abstrakten Formgestaltung am Beispiel eines Bildmotivs, Mädchen im Atelier, vorgeführt wird. Dieses Heft war der niederländischen Kunst, Literatur und Musik gewidmet (u.a. Adolf Behne, Von holländischer Baukunst, S. 279-292). Ab Juli 1921 erschien die Zeitschrift im Feuer-Verlag, Weimar-Bochum, mit Sitz in Weimar. Verlagsleiter war Bruno Wollbrück, in dessen „Graphischem Kabinett" im März 1921 eine Ausstellung mit expressionistischen Zeichnungen Röhls zu sehen gewesen war; vgl. Rezension in: Kunstchronik und Kunstmarkt, Nr. 26, 25.3.1921, S. 514. Eine komplette Ausgabe der Zeitschrift befindet sich noch heute in der Herzogin Anna Amalia Bibliothek in Weimar.

11 Die am 4.12.1920 eröffnete Ausstellung war durch die international operierende niederländische Künstlervereinigung „Kornscheuer" organisiert worden. Siehe auch das hierzu erschienene Sonderheft der gleichnamigen Zeitschrift. Die Ausstellung wanderte anschließend durch mehrere deutsche Städte, darunter Leipzig und Hannover (40. Ausst.-Ges.-Gesellschaft: Junge Niederländische Kunst). Vgl. hierzu: Kunstchronik und Kunstmarkt, Nr. 7, 12.11.1920, S. 152; Das Kunstblatt, V. Jg., 1921, Heft 2, S. 62; Der Cicerone, XIII. Jg., 1921, Heft 11, S. 29.

12 Piet Mondrian, Die Neue Gestaltung in der Malerei, in: De Stijl, I. Jg., 1917-1918, hier zit. nach: Hans L. Jaffé, Mondrian und De Stijl, Köln 1967, S. 39.

13 Peter Röhl, Die Ausmalung des Residenz-Theaters in Weimar, in: De Stijl, IV. Jg., 1921, Heft 11, S. 143 f. Neu abgedruckt in: Karl Peter Röhl (1890-1975). Aquarelle, Zeichnungen, Druckgraphik 1919-1961, Ausst. Kat. Kunsthalle zu Kiel & Schleswig-Holsteinischer Kunstverein 1979, S. 23.

14 Peter Röhl, Der Beginn und die Entwicklung des Stils in Weimar, in: De Stijl, VII. Jg., 1927, Nr. 79-84.

15 Nieuwe Rotterdamsche Courant, 18.9.1921; Vooruit, 18.9.1921. Hier zit. nach: Ex, a.a.O. (siehe Anm. 6), S. 77.

16 Röhl, a.a.O. (siehe Anm. 13).

17 R., Eröffnung der Volksbühne im Residenztheater, in: Allgemeine Thüringische Landeszeitung, 73. Jg, Nr. 246, 6.9.1921. Das Residenztheater befand sich von ca. 1920 bis 1927 in einem 1890 errichteten Konzertgebäude am Brühl 1, in dem auch die legendäre Nachtbar „Schwarzer Kater" zu finden war, die in Mécano als nächtlicher Treffpunkt („Chat Noir") der Teilnehmer des „Internationalen Dadaisten- und Konstruktivisten-Kongresses" genannt wird. Theaterdirektor und Gründer der Volksbühne, die nicht mit der Freien Volksbühne Weimar zu verwechseln ist, war Siegfried Deutsch.

18 Für diesen Hinweis auf die von Cornelius Steckner entdeckte Tagebuchstelle danke ich Constanze Hofstaetter. Die Tagebücher Crodels befinden sich im Kunstarchiv, Germanisches Nationalmuseum, Nürnberg.

19 Vgl. hierzu das Protokoll der Sitzung des Meisterrats vom 9.11.1922, Thüringisches Hauptstaatsarchiv Weimar.

20 Brief Nelly van Doesburgs an Antony Kok, 27.9.1921. Hier zit. nach: Ex, a.a.O. (siehe Anm. 6), S. 77. Erst die im August 1922 durch den ehemaligen Bauhausgesellen Hinnerk Scheper ausgeführte Ausmalung der Galerieräume des Landesmuseums zu Weimar weist deutliche Bezüge zu architekturbezogenen Vorstellungen De Stijls, insbesondere zu den Raum-Farb-Kompositionen Vilmos Huszárs aus den Jahren 1919-21, auf. Van Doesburg publizierte 1923 eine Innenraumaufnahme in einem polemischen Artikel über den wachsenden Einfluß der De Stijl-Bewegung in Deutschland als Beleg für seine These (Scheper hatte nachweislich einige Male an seinem Kurs teilgenommen) und wies in der Bildunterschrift darauf hin, daß die Wände in Primärfarben unterteilt waren, die eine Komplementärfarbe zum jeweiligen Lokalton der Gemälde bildeten. Vgl. Theo van Doesburg, De invloed van de Stijlbeweging in Duitschland, in: Bouwkundig Weekblad, 44, 1923, S. 80-84.

21 Paul Klopfer, in: Allgemeine Thüringische Landeszeitung Deutschland, 74. Jg., 6.5.1922. Die Weimarschau war auch für die Organisation der 1. Thüringischen Kunstausstellung verantwortlich. Im Kunstausschuß saßen u.a. Feininger und Klee neben Richard Engelmann, Walther Klemm und Max Thedy.

22 Siehe hierzu die ausführliche Darstellung von Bernd Finkeldey: Die ´I. Internationale Kunstausstellung` in Düsseldorf 28. Mai bis 3. Juli 1922, in: Konstruktivistische Internationale Schöpferische Arbeitsgemeinschaft 1922-1927. Utopien für eine europäische Kultur, Ausst. Kat. Kunstsammlung Nordrhein-Westfalen, Düsseldorf / Staatliche Galerie Moritzburg, Halle, Ostfildern-Ruit 1992, S. 23-30.

23 Theo van Doesburg, Grundbegriffe der neuen gestaltenden Kunst, Reihe der Bauhausbücher Nr. 6, Frankfurt/M. 1925. Hier zit. nach der Faksimile-Ausgabe, hrsg. v. Hans M. Wingler, Mainz, Berlin 1966, S. 33.

24 Vgl. Mondrian, a.a.O. (siehe Anm. 12), S. 38 ff.

25 Siehe für eine zusammenfassende Analyse der Werkentwicklung Mondrians: Els Hoek, Mondriaan, in: De beginjaren van De Stijl 1917-1922, Utrecht 1982, S. 65 ff. Siehe auch Y. Bois, J. Joosten, A. Zander Rudenstine, H. Janssen, Piet Mondrian 1872-1944, Bern 1995. Vgl. insbesondere Kat. Nr. 77 Komposition mit farbigen Flächen und grauen Linien 1 (1918, Max Bill, Schweiz), S. 181 f.

26 Sowohl die Compositie in grijs wie die Fensterentwürfe sind auf dem bekannten Foto im

Hintergrund zu sehen, das van Doesburg zusammen mit seiner Frau und Harry Scheibe in seinem Weimarer Atelier zeigt. Vgl. zu den Fensterentwürfen: Evert van Straaten, Theo van Doesburg, Schilder en architect, Den Haag 1988, Nr. XVII, S. 84-89. Siehe auch: Mondrian und De Stijl. Ausst. Kat. Galerie Gmurzynska, Köln 1979, S. 110.

27 MA, VII. Jg., Nr. 5-6 (Deutsches Sonderheft), Wien 1923. Vgl. Abb. in: Karl Peter Röhl. Bauhaus Weimar, Ausst. Kat. Galerie Gmurzynska, Köln 1975, S. 7. Siehe auch eine Abbildung der Tuschezeichnung in: Karl Peter Röhl. Bauhausjahre, Ausst. Kat. Galerie Gmurzynska, Köln 1990, S. 57. Van Doesburg widmete bereits 1922 das *De Stijl*-Heft 7 den ungarischen Konstruktivisten und reproduzierte u.a. ein Werk Moholoy-Nagys.

28 Vgl. Abb. in: Cesar Klein (1876-1954) - Karl Peter Röhl (1890-1975) - Richard Haizmann (1895-1963), Ausst. Kat. Schleswig-Holsteinisches Landesmuseum, Schloß Gottorf, Schleswig, 1977, Kat. Nr. 11, Abb. S. 64; Kat. Röhl 1990, S. 89.

29 Vgl. hierzu: Werner Graeff - Kurt Kranz. Zwei Künstler aus dem Bauhaus, Ausst. Kat. Museum Simeonstift, Trier 1986, S. 9-15, Abb. Nr. 5, S. 14. Siehe für den Vergleich mit Mies van der Rohe: Hans Richter, Begegnungen von Dada bis heute. Briefe, Dokumente, Erinnerungen, Köln 1973, S. 53. Eine stilistisch verwandte Zeichnung van Doesburgs von 1917/23 ist abgebildet in: De Stijl - Cercle et Carré, Ausst. Kat. Galerie Gmurzynska, Köln 1974, S. 57.

30 Vgl. hierzu: Kat. Röhl 1990, S. 47, 63, 71. - Karl Peter Röhl. Constructivist works 1921-1926, Ausst. Kat. Prakapas Gallery, New York 1985.

31 Vgl. hierzu: Kat. Röhl 1975, Nr. 8, S. 44; Nr. 15.

32 Siehe Abb. in: Kat. Röhl 1990, Nr. 49. Vgl. auch zum Vorbild Huszárs Sjarel Ex, Els Hoek: Vilmos Huszár. Schilder en ontwerper 1884-1960. De grote onbekende van De Stijl, Utrecht 1985, S. 40, Abb. 55.

33 Karl Peter Röhl: Graphisches Werk von 1913 bis 1922, Landesmuseum Weimar, 2.4.-26.4.1922. Eine Exponatenliste konnte leider nicht im Archiv der Kunstsammlungen zu Weimar gefunden werden.

34 M. v. F.-L.: Ausstellung im Weimarer Museum am Museumsplatz. (Wilhelm Morgner +. Peter Röhl.), in: Allgemeine Thüringische Landeszeitung Deutschland, 74. Jg., 11.4.1922.

35 Siehe für den Text der Ankündigung: Magdalena Droste, a.a.O. (siehe Anm. 5), S. 54. Vgl. auch die detaillierten Ausführungen von Kai-Uwe Hemken und Rainer Stommer: Der ´De Stijl`-Kurs von Theo van Doesburg in Weimar (1922), in: Konstruktivistische Internationale Schöpferische Arbeitsgemeinschaft, a.a.O. (siehe Anm. 22), S. 169-177.

36 Vgl. hierzu: Monika Wucher, WELTKURI! Der Beitrag einer Künstlergruppe zum gewandelten Konzept des Weimarer Bauhauses, in: Konstruktivistische Internationale Schöpferische Arbeitsgemeinschaft, a.a.O. (siehe Anm. 22), S. 178-181. Siehe auch: Emese Doehler, Ungarische Künstler am Bauhaus, in: Bauhaus-Künstler. Malerei und Grafik aus den Beständen der Kunstsammlungen

zu Weimar und der Deutschen Bank, Ausst. Kat. Kunstsammlungen zu Weimar u.a.O., Weimar 1993, S. 22-31.

37 Theo van Doesburg, a.a.O. (siehe Anm. 23), S. 15.

38 Vgl. hierzu: Evert van Straaten, a.a.O. (siehe Anm. 26), Nr. XXII, S. 102-104.

39 Brief von Oskar Schlemmer an Otto Meyer-Amden, Weimar, Ende März 1922, zit. nach: Oskar Schlemmer. Idealist der Form. Briefe, Tagebücher, Schriften 1912-1943, hrsg. v. Andreas Hüneke, Leipzig 1989, S. 83 f.

40 Vgl. zur Frage der fehlenden Architekturklasse am Weimarer Bauhaus und den Einfluß Theo van Doesburgs: Annemarie Jaeggi, Adolf Meyer. Der zweite Mann. Ein Architekt im Schatten von Walter Gropius, Ausst. Kat. Bauhaus-Archiv, Berlin 1994, S. 157-164.

41 Siehe hierzu auch: Evert van Straaten, a.a.O. (siehe Anm. 26), Nr. XXIII, S. 105-107.

42 Vgl. Abbildungen in: Evert van Straaten, a.a.O. (siehe Anm. 26), Nr. XXV, Abb. Nr. 137-138.

43 Brief Theo van Doesburgs an Adolf Behne, Weimar, 8.9.1922; Staatsbibliothek Berlin, Nachlaß Behne (Handschriftensammlung). Hier zit. nach: Jaeggi, a.a.O. (siehe Anm. 40), S. 473, Anm. 279.

44 Theo van Doesburg, Constructieschema voor Compositie XVIII, 1920, Verbleibort unbekannt; vgl. Abb. in: Theo van Doesburg, a.a.O. (siehe Anm. 7), S. 96. Siehe zum Werk Weiningers: Andor Weininger. Vom Bauhaus zur konzeptuellen Kunst, hrsg. v. Jiri Svestka, Ausst. Kat. Kunstverein für die Rheinlande und Westfalen, Düsseldorf u.a.O., Düsseldorf 1990, Kat. Nr. 6-12. Zu Röhl vgl.: Kat. Röhl 1975, Nr. 6, S. 20.

45 Siehe Nachruf Walter Dexels, Theo van Doesburg +, in: Das Neue Frankfurt, 1931, Heft 6. Hier zit. nach: Neues Bauen - Neues Gestalten. Das Neue Frankfurt/Die neue Stadt. Eine Zeitschrift zwischen 1926 und 1933, ausgew. v. Heinz Hirdina, Dresden 1984, S. 386. „Alles, was in Holland, Frankreich, Italien, Amerika, Rußland an wichtigen fortschrittlichen Dingen und neuen Ideen existierte, war in zahllosen Abbildungen, in zahllosen Veröffentlichungen, in allen Sprachen in Doesburgs Weimarer Atelier gestapelt."

46 Mathilde Freiin von Freytag-Loringhoven, Kunstgeschichtliche Vorträge. Theo van Doesburg: Der Wille zum Stil, in: Allgemeine Thüringische Landeszeitung Deutschland, 74. Jg., Nr. 92, 4.4.1922. Siehe auch: Anon., Die kunstgeschichtlichen Abende, in: Weimarische Zeitung (Landeszeitung für Thüringen), Nr. 81, 5.4.1922.

47 Umschlag, MA, VIII. Jg., Nr. 7-8, Wien 1923; neu abgeb. in: Mondrian und De Stijl, Ausst. Kat. Galerie Gmurzynska, Köln 1979, S. 87. Vgl. auch: De Stijl, VII. Jg., 1927, Nr. 79-84, S. 119.

48 Vgl. Abb. in: Kat. Röhl 1975, Nr. 4, S. 19; Nr. 5, S. 18. Kat. Röhl 1985, a.a.O. (siehe Anm. 30), o.p. (S. 4).

49 De Stijl, VI. Jg., 1924-25, Nr. 9, S. 129; neu abgeb. in: Kat. Röhl 1990, S. 37. Ein weiteres Foto aus dem Nachlaß van Doesburgs ist um 90 ° gedreht abgebildet in: Hemken/Stommer, a.a.O. (siehe Anm. 35), S. 176, Abb. 15.

50 Vgl. Abb. in: Ex, a.a.O. (Anm. 6), Abb. 50, S. 78.

51 De Stijl, V. Jg., 1922, Heft 10/11, Beilage. Zuvor bereits 1922 in einer russischen Ausgabe im Skythen-Verlag, Berlin erschienen. Siehe hierzu: El Lissitzky. Maler, Architekt, Typograf, Fotograf. Erinnerungen, Briefe, Schriften, übergeben von Sophie Lissitzky-Küppers, Dresden 1967, S. 21.

52 Vgl. hierzu: Karl Peter Röhl, Theo van Doesburg und meine Beziehungen zum Styl, in: Kat. Röhl 1990, S. 21f. „Sein [van Doesburgs] festliches Zeichen für Würde und Vernunft war das 'rote Quadrat`. [...] In den Diskussionen, bei denen ich sehr oft dabei war, ging es in der Auseinandersetzung um das ´Schwarze Quadrat`, um Lissitzky, um Malewitsch." Siehe hierzu auch: Ex, a.a.O. (siehe Anm. 6), S. 93 f.

53 Vgl. für eine ausführliche Schilderung dieser Polemik und der Reaktionen des Bauhauses: Ex, a.a.O. (siehe Anm. 6), S. 99 ff.

54 Vgl. hierzu: Maria Müller, Der Kongreß der ´Union Internationaler Fortschrittlicher Künstler` in Düsseldorf, in: Konstruktivistische Internationale Schöpferische Arbeitsgemeinschaft, a.a.O. (siehe Anm. 22), S. 17-21.

55 Siehe zum Kongreßablauf: Kai-Uwe Hemken, „Muß die neue Kunst den Massen dienen?" Zur Utopie und Wirklichkeit der ´konstruktivistischen Internationale`, in: Konstruktivistische Internationale Schöpferische Arbeitsgemeinschaft, a.a.O. (siehe Anm. 22), S. 62 ff.

56 Vgl. hierzu: Werner Graeff, ohne Titel (Typoskript zum Thema „Stijl- und Dada-Abend im Jenaer Kunstverein"); Van Doesburg-Nachlaß, Rijksbureau voor Kunsthistorische Dokumentatie, Den Haag. „Dafür brach bei Hans Arps Vorlesung plötzlich ein Höllenlärm los. Das Publikum fühlte sich verspottet. Andererseits hatte der Lärm im Publikum die unerwartete Wirkung, dass nun der Maler Peter Röhl (Schüler van Doesburgs) aufsprang und eine seiner phantastischen Ansprachen hielt, die zwar nicht für logischen Aufbau, dafür aber der überraschenden Wendungen wegen bekannt waren. [...]" Hier zit. nach: K. Schippers, Holland Dada, Amsterdam 1974, S. 46.

57 Siehe Abbildung in: Das Gästebuch von Kate T. Steinitz, reprographischer Nachdruck, Galerie Gmurzynska, Köln 1977. Vgl. auch Kate T. Steinitz, Erinnerungen aus den Jahren 1918-1930, Zürich 1963, S. 118, 122.

58 Siehe auch Abdruck des Textes in: Kat. Röhl 1977, S. 53-58, mit Erläuterungen von Joachim Kruse.

59 Mécano, 1922, Heft 2 (Nr. Blau), o.p.

60 Hans Richter, Dada Profile, Zürich 1961, S. 97.

61 Vgl. Kat. Röhl 1977, Nr. 13, Abb. S. 66; Kat. Röhl 1975, Nr. 10, S. 23. Siehe zu Mondrian: Carel Blotkamp, Destructie als kunst, Zwolle 1994, S. 177 ff.

62 De Stijl, V. Jg., Nr. 12, Dez. 1922, S. 320.

63 MA, VIII. Jg., Nr. 5-6, Wien 1923. Hier zusammen mit einem Manifest von Viking Eggeling und Raoul Hausmann: Zweite präsentische Deklaration. Gerichtet an die internationalen Konstruktivisten.

64 Vgl. hierzu: Gerda Wendermann, Das Landesmuseum in Weimar - ein umstrittener Ort der Avantgarde 1919-1933, in: Rolf Bothe (Hrsg.), Kunstsammlungen zu Weimar - Neues Museum. Geschichte und Ausblick, München 1997. (In Druck). Graf Kielmansegg hielt auch in den folgenden Jahren Kontakt zu van Doesburg und bemühte sich für ihn um einen Bauauftrag durch den Krefelder Fabrikanten und Kunstsammler Hermann Lange.

65 Bei einem der beiden Bilder handelte es sich um *Tableau I*, 1921, heute Museum Ludwig, Köln.

66 Für diesen Hinweis danke ich Herrn Joop M. Joosten. Siehe hierzu: Konstruktivisten, Ausst. Kat. Kunsthalle Basel, 16.1.-1.4.1937, Röhl: Kat. Nr. 86. Jan Tschichold gestaltete sowohl Plakat wie Katalog dieser für die Entwicklung der schweizerischen konstruktivistischen Kunst wichtigen Ausstellung. Die Preisliste befindet sich im Archiv der Basler Kunsthalle. Vermutlich konnte Nelly van Doesburg bei dieser Gelegenheit die *Compositie XVIII* zurückkaufen. Laut Versteigerungskatalog verblieb das Bild Röhls zusammen mit anderen Werken der Slg. Kielmansegg bis 1954 im Depot der Basler Kunsthalle. Vgl. hierzu: Kunst alter und neuer Meister, Karl & Faber, Auktion 177, 1./2.6.1989, Nr. 1192, S. 195, Farbtafel 59.

67 Siehe Abbildung in: Evert van Straaten, Cesar Domela, in: De vervolgjaren van De Stijl 1922-1932, red. v. Carel Blotkamp, Amsterdam/Antwerpen 1996, S. 299, Abb. Nr. 227. Zu Vergleichswerken Röhls siehe: Kat. Röhl 1975, Nr. 24, S. 26 u. Kat. Röhl 1990, S. 51.

68 Vgl. hierzu Rezensionen in: Der Cicerone, X. Jg., 1923, Heft 11, S. 522 f.; Heft 16, S. 760 f.; Heft 22, S. 1056. - Das Kunstblatt, VII. Jg., 1923, Heft 7, S. 222 f.

69 Brief Lyonel Feiningers an Julia Feininger, Weimar, 7.9.1922; Houghton Library, Harvard University, Cambridge, Mass.

70 Brief Lyonel Feiningers an Julia Feininger, Weimar, 1.8.1923; Houghton Library, Harvard University, Cambridge, Mass.

71 Paul Westheim, Zur Quadratur des Bauhauses, in: Das Kunstblatt, VIII. Jg., 1923, Heft 10, S. 319f.

72 Brief von Theo van Doesburg an Karl Peter Röhl, Paris, 5.5.1923; KPRS Weimar. Erstmals publiziert in: Ex, a.a.O. (siehe Anm. 6), S. 106.

73 Vgl. hierzu: Volker Wahl, Jena und das Bauhaus. Über Darstellungen, Leistungen und Kontakte des Bauhauses in der thüringischen Universitätsstadt, in: ders., Jena als Kunststadt. Begegnungen mit der modernen Kunst in der thüringischen Universitätsstadt zwischen 1900 und 1933, Leipzig 1988, S. 226. Siehe ebenso: H. W. B., Die Ausstellung der Konstruktivisten im Stadttheater (Jena), Artikel in zwei Folgen in: Jenaische Zeitung, 21.7.1923 u. 28.7.1923.

74 Westheim, a.a.O. (siehe Anm. 71), S. 320.

75 In der Literatur wurde diese Ausstellung, mit Ausnahme von Sjarel Ex, bislang auf 1922 datiert, vgl. Hemken/Stommer, a.a.O. (siehe Anm. 35), S. 171 ff.

76 M. F.-L., Joseph Zachmanns konstruktivistische Ausstellung, in: Allgemeine Thüringische Landeszeitung Deutschland, 75. Jg., Nr. 247, 8.9.1923. Vgl. auch: Mathilde Freiin von Freytag-Loringhoven, Die Ausstellung des Staatlichen Bauhauses in Weimar, in: Allgemeine Thüringische Landeszeitung Deutschland, 75. Jg., Nr. 238, 30.8.1923.

77 Siehe etwa die typographischen Entwürfe, die anläßlich der Bauhaus-Ausstellung von 1923 entstanden sind, und weitere gebrauchsgraphische Aufträge in: Das A und 0 des Bauhauses. Bauhauswerbung: Schriftbilder, Drucksachen, Ausstellungsdesign, hrsg. v. Ute Brüning, Ausst. Kat. Bauhaus-Archiv Berlin, Leipzig 1995, S. 59-86.

78 Vgl. hierzu: Carel Blotkamp, a.a.O. (siehe Anm. 61), S. 114 ff.

79 Siehe hierzu: Evert van Straaten, Theo van Doesburg, in: De vervolgjaren van De Stijl 1922-1932, red. v. Carel Blotkamp, Amsterdam/Antwerpen 1996, S. 39ff.

80 De Stijl, VII. Jg., 1927, Nr. 79-84. Vgl. auch zwei Postkarten van Doesburgs an Röhl mit der Bitte um Foto- und Textmaterial für die Jubiläumsnummer *De Stijls*, abgebildet in: Kat. Röhl 1975, S. 8f.

81 Ex, a.a.O. (siehe Anm. 6), S. 109 f.

82 M. Burchartz, Weimar: Neue Gestaltung. Zur Ausstellung von Werken Theo van Doesburgs im Landesmuseum, in: Allgemeine Thüringische Landeszeitung Deutschland, 76. Jg., 1.1.1924. Siehe auch für eine Beschreibung der Ausstellung van Doesburgs: Wendermann, a.a.O. (siehe Anm. 64).

83 Brief Wilhelm Köhlers an Theo van Doesburg, Weimar, 2.2.1924; Archiv der Kunstsammlungen zu Weimar, Akte KUSA 1/23.

84 Ernst Kállai, Konstruktivismus, in: Jahrbuch der jungen Kunst, Leipzig 1924, S. 374-384. Hier zit. nach: Ernst Kállai. Vision und Formgesetz. Aufsätze über Kunst und Künstler 1921-1933, Leipzig/Weimar 1986, S. 67.

85 Brief Theo van Doesburgs an Walter Dexel, Paris, 15.9.1924. Hier zit. nach: Walter Vitt (Hrsg.), Hommage á Dexel (1890-1973). Beiträge zum 90. Geburtstag des Künstlers, Starnberg 1980, S. 82.

Kat. 10
Karl Peter Röhl, Kopf und Figuren
vor roter Sonne, 1915,
Pastell/Papier.

MICHAEL SIEBENBRODT

DIE KARL PETER RÖHL STIFTUNG
AN DEN KUNSTSAMMLUNGEN ZU WEIMAR

Ein Überblick über die Stiftungsbestände

Die Karl Peter Röhl Stiftung mit Sitz an den Kunstsammlungen zu Weimar wurde durch testamentarische Verfügung von Marinaua Röhl, der Tochter des Künstlers, im Februar 1997 ins Leben gerufen.[1] Bereits 1993 hatte sie notariell festgelegt,[2] daß der bedeutendste Teil des noch weitgehend geschlossenen künstlerischen Nachlasses Karl Peter Röhls nach ihrem Tode als Stiftung an den Kunstsammlungen zu Weimar bewahrt, wissenschaftlich und konservatorisch betreut sowie durch Publikationen und Ausstellungen einer breiten Öffentlichkeit zugänglich gemacht werden soll.

Im Dezember 1996 konnten mehr als 5.400 Werke Röhls an die Kunstsammlungen zu Weimar überführt werden.[3] Im einzelnen handelt es sich dabei um 150 Gemälde auf Leinwand und Hartfasertafeln aus den Jahren 1927 bis 1969. Leider fehlen frühe futuristisch-abstrakte Gemälde der Jahre 1919-21 ebenso wie De Stijl-Werke. Die bedeutenden Grafikbestände von mehr als 5.150 Positionen werden durch Handzeichnungen aus allen Schaffensperioden und der unterschiedlichsten Techniken geprägt. Dabei ragen die etwa 150 Werke aus Röhls erster wichtigen selbständigen Schaffensperiode in Weimar von 1919 bis 1926 qualitativ heraus.[4] Dazu gehören aber auch etwa 350 Druckgrafiken und typografische Arbeiten aus den Jahren 1918-26 und 1961-63. Zu den Holzschnitten der sechziger Jahre konnten darüber hinaus 33 Druckstöcke übernommen werden.

Seit Ende der zwanziger Jahre dominieren in Röhls Werk Naturstudien, Landschaften und Porträts in realistischer Manier mit symbolistischen und völkischen Elementen - Anpassungsstrategien an den Zeitgeist. Wie Übermalungen von eigenen De Stijl-Bildern belegen, wendet er sich von seinem Beitrag zur klassischen Moderne bewußt ab, verwirft diese Erfahrungen zeitweilig sogar. Nach dem Zweiten Weltkrieg knüpft er an die Abstraktionen der zwanziger Jahre wieder an, reflektiert Frieden und Wiederaufbau in farbintensiven und dynamischen Arbeiten. Charakteristisch wird das Nebeneinander von Naturdarstellungen und ungegenständlich-abstrakten Arbeiten, wie es in der Ausbildung bei Johannes Itten methodisch angelegt war. Den Wissenschafts- und Industrialisierungsschub der 50er und 60er Jahre interpretiert Röhl in großen Grafikserien von Schablonenblättern (mit Hilfe selbst entworfener Schablonen), „Partituren" (auf Notenpapier), „Polaren" (auf kreisrundem Millimeterpapier), „Rasterbildern" (auf Strukturpapieren) bis hin zu spontanen Farbstrukturen, den „Lackbildern".[5]

Aus den 81 grafischen Arbeiten anderer Künstler, der Lehrer und Studienfreunde Röhls, haben 5 Handzeichnungen Lyonel Feiningers besondere Bedeutung, die dem Illustrationszyklus *Norwegische Volksmärchen* 1908 zuzuordnen sind.[6] Johannes Ittens kalligrafisches Gratulationsblatt zu Röhls Hochzeit mit Alexandra Gutzeit 1920 ist nicht nur ein Beleg für die engen persönlichen Kontakte, sondern auch ein charakteristisches Beispiel für Schriftgestaltung am frühen Bauhaus. In der Sammlung befinden sich darüber hinaus Grafiken von Ise Bienert, Johannes Driesch, Edmund Kesting, Harriet von Rathleff-Keilmann, Rudolf Riege, Maria Uhden u. a.[7]

Zum umfangreichen Archivmaterial gehören schriftliche Unterlagen und amtliche Dokumente zur Biografie Karl Peter Röhls ebenso wie Originalfotografien von 1912 bis 1975, persönliche Gegenstände von Malutensilien bis zur Pfeife sowie ein großes Konvolut von Gedichten und Prosatexten überwiegend aus der Zeit nach dem Zweiten Weltkrieg.

Die Handbibliothek Röhls in der Stiftung umfaßt 255 Publikationen, die in direktem Kontext zu seinem Leben und Werk stehen, davon mehr als fünfzig Bücher mit Autographen oder Widmungen. Einige Bücher vom Anfang der zwanziger Jahre, die Röhl offensichtlich besonders schätzte, sind mit Handeinbänden der Buchbindereiwerkstatt des Bauhauses unter Leitung von Otto Dorfner versehen.[8]

Aus dem Nachlaß von Marinaua Röhl hat Stephanie Gräfin Vitzthum von Eckstädt wichtige Arbeiten aus verschiedenen Bauhauswerkstätten an die Röhl-Stiftung übereignet, so fünf Armlehnstühle mit Gurtbespannung und einen quadratischen Tisch von Marcel Breuer 1924,[9] eine Hängeleuchte aus der Metallwerkstatt um 1925, drei Kissenbezüge aus schwarz-beige-gestreiftem, handgewebtem Stoff um 1925 und einen großen Krug von Werner Burri 1926/27.

In die Karl Peter Röhl Stiftung ist auch ein Depositum von 29 Gemälden Röhls aus den Jahren 1927-36 eingegangen, das aus seinem Weimarer Atelier stammte und nach seiner Intervention unter Mitwirkung des Bauhäuslers Peter Keler schließlich 1967 in den Weimarer Kunstsammlungen gesichert wurde.[10]

Bereits vor Errichtung der Karl Peter Röhl Stiftung hat Marinaua Röhl wichtige Schenkungen an die Kunstsammlungen zu Weimar übergeben; 1994 waren es 30 Handzeichnungen, davon 22 herausragende Blätter aus den Weimarer Jahren 1920-26, sowie typische, abstrakte Arbeiten aus den späten 40er und 50er Jahren. 1995 kamen noch einmal 14 Handzeichnungen überwiegend aus dem Zeitraum von 1919-22 hinzu, die zwei Jahre vorher als Leihgabe die Röhl-Bestände bereichert hatten.

Karl Peter Röhl und die Kunstsammlungen zu Weimar

Die Verbindungen zwischen Karl Peter Röhl und den Kunstsammlungen zu Weimar reichen bis in das Jahr 1914 zurück, als das Museum 10 Holzschnitte und 3 Radierungen des damaligen Weimarer Kunsthochschulstudenten ankaufte, der durch besondere Leistungen auf sich aufmerksam gemacht hatte. Mit Engagement und Gespür für die aktuellen Entwicklungstendenzen in der zeitgenössischen Kunst erwarb der damalige Museumsdirektor Wilhelm Koehler 1919 weitere Werke Röhls, 13 Holzschnitte („Kompositionen"), einen Plakatholzschnitt sowie ein Gemälde 1922. Nachdem bereits 1930 ein Holzschnitt Röhls von der Schließung der Abteilung für moderne Kunst an den Kunstsammlungen zu Weimar betroffen war, die der damalige NSDAP-Kultusminister Frick initiiert hatte, fielen 1937 sämtliche Werke Röhls der Aktion „Entartete Kunst" zum Opfer. Lediglich fünf Holzschnitte aus dem ersten Ankauf von 1914 konnten 1957 an die Kunstsammlungen zurückgeführt werden.[11] 1965 wurden fünf Pinselzeichnungen und zwei Druckgrafiken Röhls aus dem Besitz seines Freundes und Studienkollegen Walter Determann erworben, zu denen Ende der sechziger Jahre wichtige Holzplastiken hinzutraten.[12] Diese Ankäufe verdeutlichen den beginnenden kulturpolitischen Wandel in der damaligen DDR und das Engagement des Museumsdirektors Walther Scheidig, der erste Ausstellungen und Publikationen zum Bauhaus organisierte.[13] Schließlich komplettieren 10 Holzschnitte aus dem Jahr 1921 (Ankauf 1978) das Kapitel der Röhl-Erwerbungen für Weimar.

Abb. 52
Handeinband aus der
Buchbindereiwerkstatt des Bauhauses zu:
Dschuang Dsi, Das wahre Buch vom
südlichen Blütenland, Jena 1920,
um 1921, Halbpergament, Kleisterpapier.
KPRS Weimar.

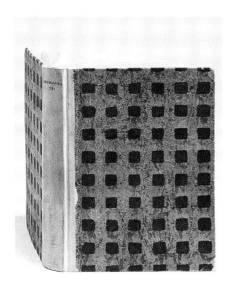

Seit Ende der siebziger Jahre waren Werke Karl Peter Röhls in den Bauhaus-Ausstellungen der Weimarer Kunstsammlungen vertreten.[14] Durch die engen Kontakte mit der Tochter des Künstlers seit 1990 konnten die Kunstsammlungen das Werk Karl Peter Röhls zunehmend in Ausstellungsprojekte integrieren:[15]
- „Bauhaus-Künstler" in Weimar, Wiesbaden und Dessau 1993/94,
- „Das frühe Bauhaus und Johannes Itten" in Weimar, Berlin und Bern 1994/95
- „bauhaus 1919-1933" in Tokyo 1995
- „Bauhaus 1919-1933" in Mailand 1996/97
- „Das Bauhaus in Weimar und der Beginn der tschechischen Moderne 1918-25" in Prag 1997/98.

Nicht zuletzt werden seit Mai 1995 im neu gegründeten Bauhaus-Museum in Weimar ständig verschiedene Werkgruppen Röhls aus dem Zeitraum von 1919 bis 1925 vorgestellt, von denen die Arbeiten auf Papier aus konservatorischen Gründen einem jährlichen Austausch unterliegen, so daß immer wieder andere Facetten zu erleben sind.[16]

Die nächsten Aufgaben der Karl Peter Röhl Stiftung in Weimar

Zur Stiftung gehört neben den skizzierten Kunst- und Archivbeständen auch eine finanzielle Grundausstattung in Form eines Stiftungskapitals, das eine selbständige und unabhängige Arbeit zur Bewahrung und Erschließung des Werkes von Karl Peter Röhl sicherstellt. So konnte bereits die Inventarisierung der Stiftungsbestände in Angriff genommen sowie diese Ausstellung mit Katalogbuch vorbereitet werden.

In enger Kooperation mit den Kunstsammlungen zu Weimar sind die Stiftungsbestände systematisiert, wissenschaftlich geordnet und fachgerecht untergebracht worden. In den kommenden Jahren werden zielgerichtet die qualitätvollsten grafischen Blätter aufgelegt, passepartouriert, gegebenenfalls auch restauriert sowie professionell fotografiert, um sie für Publikationen und Ausstellungen vorzubereiten (300 Grafiken bis zum Jahr 2000). Aufwendiger erscheinen die Restaurierungsmaßnahmen für Gemälde, die außerdem meist ohne Rahmen in die Stiftung übernommen wurden. Das wissenschaftliche und restauratorische Interesse richtet sich zuerst auf zwei übermalte De Stijl-Gemälde Röhls, bei denen der Erhaltungszustand der ersten Bemalung, die Komposition und Farbigkeit analysiert werden sollen. Von den Untersuchungsergebnissen hängt es ab, ob ein Gemälde auf die erste Fassung zurückgeführt werden kann.[17]

Im Rahmen der finanziellen Möglichkeiten bemüht sich die Stiftung, den Sammlungsbestand durch Erwerbungen zu komplettieren. Das betrifft insbesondere Gemälde aus Röhls erster Schaffensphase 1919 bis 1926 sowie Arbeiten aus der Mitte der zwanziger Jahre, die sich mit Piktogrammen und Zeichensystemen für Architektur und öffentlichen Raum befassen.[18] In diesem Zusammenhang ist die Galerie Gmurzynska in Köln zu nennen, die Karl Peter Röhl seit 1971 ausstellt und vertritt. Ein bedeutender Teil des Nachlasses befindet sich seit 1996 in ihrem Besitz und belegt die enge Zusammenarbeit zwischen dem Künstler mit seiner Familie und der Galerie über mehr als 25 Jahre.[19]

Zum 110. Geburtstag und 90. Todestag von Karl Peter Röhl plant die Stiftung für das Jahr 2000 eine größere Ausstellung, für die zwei thematische Ansätze diskutiert werden:

- Zwischen Avantgarde und Anpassung - der Künstler Karl Peter Röhl
- De Stijl in Weimar und Karl Peter Röhl.

Wissenschaftliche Basisarbeit leistet Constanze Hofstaetter mit ihrer Dissertation über Leben und Werk Röhls. Aus den Sammlungsbeständen lassen sich Themenkreise herauskristallisieren, die für vertiefende Studien und Ausstellungsprojekte Anregungen vermitteln, wie zum Beispiel:

- Karl Peter Röhl: Landschaften und Menschenbilder
- kosmische Visionen - sphärische Klänge
- zwischen Figuration und Abstraktion
- Bilder und Texte (Malerei und Lyrik)
- Zeichen: vom Bauhaus-Signet zum Piktogramm (typografische Arbeiten)
- Farbe und Licht - die Glasfenster Karl Peter Röhls.

Neben der Galerie Gmurzynska erscheint das Schleswig-Holsteinische Landesmuseum, Schloß Gottorf, in Schleswig als wichtigster Kooperationspartner, da hier von Joachim Kruse eine umfangreiche Röhl-Sammlung aufgebaut werden konnte.[20]

Die Karl Peter Röhl Stiftung darf sich für die großzügige Unterstützung und Förderung bei Dr. Werner Heller bedanken, durch dessen persönliches Engagement eine arbeitsfähige Stiftung formiert werden konnte. Der Dank gilt besonders auch Stephanie Gräfin Vitzthum von Eckstädt für ihre Schenkung von Kunstwerken. Der Stiftungsvorstand verbindet damit die Hoffnung auf weitere Spender und Sponsoren, die sich der klassischen Moderne in Weimar und Karl Peter Röhl verbunden fühlen.

1 Vgl. Stiftungssatzung vom 6. Dezember 1996, Genehmigungsurkunde für die Karl Peter Röhl Stiftung mit Sitz in Weimar vom 14. Februar 1997 und konstituierende Vorstandssitzung am 21. April 1997, Vorstand: Prof. Dr. Rolf Bothe, Michael Siebenbrodt, Egbert Geier; Akten KPRS Weimar.

2 Vgl. Testament von Marinaua Ise Röhl vom 27. Dezember 1993; Kopie und Abschrift in KPRS Weimar.

3 Im Familienbesitz waren zu diesem Zeitpunkt noch mehr als 15.000 künstlerische Arbeiten, davon etwa 500 Gemälde erhalten.

4 Vgl. dazu die Katalogbeiträge von Constanze Hofstaetter und Gerda Wendermann.

5 Das Nachkriegswerk Röhls ist bis heute kaum erforscht und im Vergleich zur Werkphase 1919-26 wenig in Ausstellungen vorgestellt worden. Eine Ausnahme bilden die Exposition im Schleswig-Holsteinischen Landesmuseum, Schloß Gottorf, in Schleswig 1965 mit 130 Werken von 1947-65; vgl. Joachim Kruse (Hrsg.), Karl Peter Röhl. Gemälde, Aquarelle, Zeichnungen, Graphik, Schleswig 1965, sowie die Ausstellung der Kunsthalle zu Kiel und des Schleswig-Holsteinischen Kunstvereins 1979 mit 65 Werken von 1947-61; vgl. Jens Christian Jensen (Hrsg.), Karl Peter Röhl (1890-1975)- Aquarelle, Zeichnungen, Druckgraphik 1919 bis 1961, Kiel 1979, S. 60-69 u. 78-81.

6 Vgl. Lyonel Feininger: Karikaturen, Comic strips, Illustrationen 1888-1915, Ausst. Kat. Museum für Kunst und Gewerbe Hamburg, Wilhelm-Busch-Museum Hannover, Hamburg 1981, S. 120-124.

7 Ein vergleichbares Konvolut von Lehrer- und Schülerarbeiten des frühen Bauhauses konnte mit einem Teilnachlaß Theo Müllers 1997 als Dauerleihgabe an die Kunstsammlungen zu Weimar übernommen werden.

8 Diese Praxis scheint am frühen Bauhaus üblich gewesen zu sein, wie ein umfangreicherer Bestand im Nachlaß Eberhard Schrammens belegt, aus dem einige Einbände 1996 von den Kunstsammlungen zu Weimar erworben wurden.

9 Diese Möbelgruppe in Eiche ist eine Materialvariante zu den Breuer-Möbeln in Kirschbaum, die Walter Gropius 1925 an die Kunstsammlungen übergeben hat. Vgl. Inv. Nr. N 226-228/55.

10 Seit 1961 bemühte sich Käthe Röhl darum, die Kunstwerke Röhls, die in seinem Weimarer Atelier, Merketalstraße 19, verblieben und in den Nachkriegsjahren verschollen waren, ausfindig zu machen und zurückzuführen. Die Gemälde waren offensichtlich von einem Herrn Fritsch Anfang der 50er Jahre illegal angeeignet und an einen Weimarer Malermeister Steffen als wiederverwendbare Leinwände verkauft worden, wo sie 1967 aufgefunden werden konnten. Vgl. Schreiben von K. Steffen an Röhl vom 1.6.1967, KPRS Weimar.

11 Vgl. Kunstsammlungen zu Weimar, Verzeichnis der Neuerwerbungen 1907-1926 (Inventarband), S. 49, Pos. 43-49/19; S. 63, Pos. 77/19.

12 Vgl. Inv. Nr. N 1/68 und N 51-53/69, geschnitzte Handpuppenköpfe, die Röhl bisher nicht eindeutig zugeschrieben werden konnten.

13 Vgl. Walther Scheidig, Bauhaus Weimar. Werkstattarbeiten 1919-1924, Leipzig 1966, und Ausstellung in Finnland 1967: „Bauhaus Weimar. Werkstattarbeiten".

14 Vgl. Bauhaus Weimar. Werkstattarbeiten, Ausst. Kat. Kunstsammlungen zu Weimar 1977, S. 77.

15 Erste Gespräche zu einer Karl Peter Röhl Stiftung in Weimar wurden im Dezember 1992 in Kiel durch den Autor geführt. Vgl. Aktennotiz vom 8.12.1992, KPRS Weimar.

16 Vgl. Thomas Föhl, Michael Siebenbrodt u.a., Kunstsammlungen zu Weimar. Bauhaus-Museum, München 1995, S. 88-89.

17 Das besondere Interesse an diesen Gemälden resultiert aus der hohen Qualität und Seltenheit der bekannten drei De Stijl-Bilder Röhls.

18 Die polykünstlerische Ausbildung am Bauhaus spiegelt sich auch im Schaffen Röhls in den Bereichen farbiger Raumgestaltung bis zur Typografie/Reklame und trifft sich mit den Intentionen Adolf Meyers, Ernst Mays u.a. bei der Gestaltung des „Neuen Frankfurt".

19 Vgl. Akte Schriftverkehr Galerie Gmurzynska 1971-1993, KPRS Weimar.

20 Dr. Joachim Kruse übereignete dem Autor 1993 seine privaten Unterlagen (einschließlich Originalfotos verschollener Gemälde) zu Röhl, die nun in die Karl Peter Röhl Stiftung integriert worden sind. Archivbestand KPRS Weimar.

KATALOG

ERLÄUTERUNG

Die chronologische Abfolge der Katalogtitel ist an einigen Stellen zugunsten einer geschlossenen Präsentation der Werkgruppen unterbrochen. Die Einfügungen in eckigen Klammern bezeichnen von Karl Peter Röhl der Signatur hinzugefügte grafische Symbole. Dazu gehört sein Signaturzeichen, das aus dem astrologischen Symbol des Planeten Uranus abgeleitet und seit 1919 Teil der Bildsignatur ist (einige frühere Arbeiten sind nachträglich mit diesem Zeichen signiert).

1
Ohne Titel (Totentanz)
1911
Tusche/Japanpapier
418 x 306 mm
bez. o. r.: R 11.
KPRS Weimar Inv. Nr. Z 33

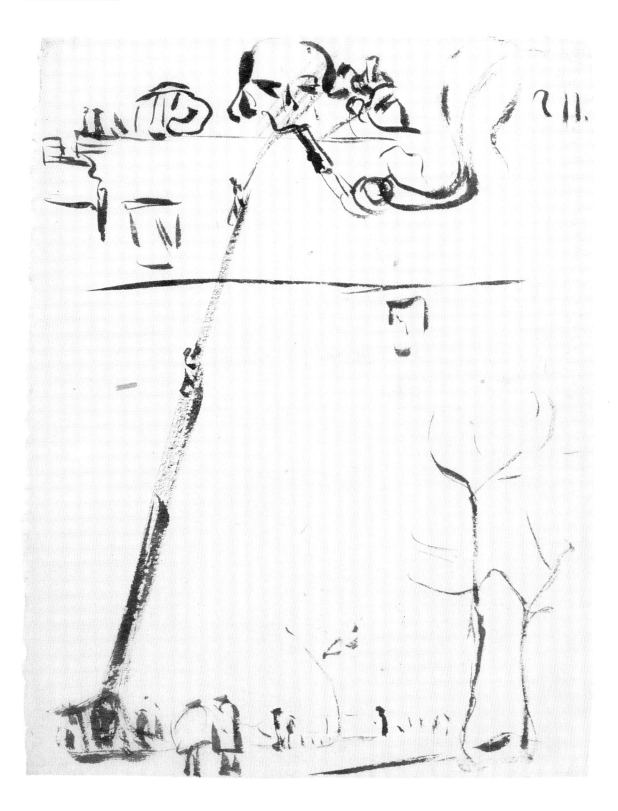

2
Ohne Titel (Totentanz)
nicht datiert (1911)
Tusche/Japanpapier
410 x 296 mm
bez. u. l.: R
KPRS Weimar Inv. Nr. Z 46

3
Schaukel (Totentanz)
1911
Tusche/Japanpapier
417 x 300 mm
bez. u. l.: Karl Peter Röhl 1911.
      u. r.: Schaukel. R 11
KPRS Weimar Inv. Nr. Z 47

4
Ohne Titel (Kahler Baum)
1913
Kohle/Büttenpapier
473 x 630 mm
bez. o. r.: Karl Röhl. 1913.
KPRS Weimar Inv. Nr. Z 49

5 (Abb. S. 22)
Ohne Titel (Selbstbildnis)
1913
Kohle/Büttenpapier
555 x 433 mm
bez. u. l.: Karl Röhl. 1913.
KPRS Weimar Inv. Nr. Z 48

6
Ohne Titel (Weiblicher Akt)
1913
Kohle/Büttenpapier
478 x 632 mm
bez. u. l.: Karl Peter Röhl 1913.
[Signaturzeichen]
KPRS Weimar Inv. Nr. Z 50

4
6

7
Ohne Titel (Frauenporträt)
1914
Tusche/Japanpapier
527 x 370 mm
bez. o. r.: R 14.
KPRS Weimar Inv. Nr. Z 51

8
Ohne Titel (Weiblicher Rückenakt)
1914
Rötel/Papier
403 x 365 mm
bez. u. l.: R 14.
KPRS Weimar Inv. Nr. Z 52

9
Ohne Titel (Schreitendes Paar vor Sonne)
1914
Tusche/Papier
398 x 350 mm
bez. u. r.: R 14.
KPRS Weimar Inv. Nr. Z 53

10 (Abb. S. 74)
Ohne Titel
(Kopf und Figuren vor roter Sonne)
1915
Pastell/Papier
314 x 227 mm
bez. o. l.: R 15
KPRS Weimar Inv. Nr. Z 34

11
Ohne Titel (Verkündigung)
1915
Pastell/Papier
314 x 227 mm
bez. o. l.: R 15
KPRS Weimar Inv. Nr. Z 38

12
Ohne Titel (Sonnentanz)
1916
Pastell/Papier
338 x 440 mm
bez. auf der Unterlage u. l.: Karl Peter Röhl
1916 [Signaturzeichen] Berlin [Pentagramm]
KPRS Weimar Inv. Nr. Z 36

11
12

13
Ohne Titel (Musikanten)
1916
Holzschnitt/Papier
500 x 352 mm
bez. u. r.: Karl Peter Röhl 1916.
[Signaturzeichen]
KPRS Weimar Inv. Nr. D 31

14
Ohne Titel (Musikantin)
1916
Holzschnitt/Papier
350 x 249 mm
bez. u. r.: Karl Peter Röhl 1916.
[Signaturzeichen]
KPRS Weimar Inv. Nr. D 30

15
Ohne Titel (Nächtliche Liebesszene)
1916
Holzschnitt/Japanpapier
470 x 371 mm
bez. u. l.: Karl Peter Röhl 1916.
KPRS Weimar Inv. Nr. D 33

16
Ohne Titel (Akt vor Gräberfeld)
1916
Holzschnitt/Büttenpapier
453 x 370 mm
bez. u. r.: Karl Peter Röhl 1916.
[Signaturzeichen]
KPRS Weimar Inv. Nr. D 32

13 14
15 16

17
Ohne Titel (Tanzender Akt vor Sonne)
1919
Tusche/Papier
432 x 362 mm
bez. u. r.: R 19
KPRS Weimar Inv. Nr. Z 39

18
Ohne Titel (Männerporträt)
1918
Tusche/Papier
448 x 361 mm
bez. u. l.: Karl Peter Röhl 1918.
KPRS Weimar Inv. Nr. Z 54

19
Ohne Titel
1919
Tusche und Wasserfarbe/Büttenpapier
640 x 470 mm
bez. u. l.: Karl Peter Röhl 1919.
KPRS Weimar Inv. Nr. Z 86

20
Ohne Titel
1919
Tusche/Büttenpapier
642 x 471 mm
bez. u. r.: Karl Peter Röhl 1919.
KPRS Weimar Inv. Nr. Z 88

21
Ohne Titel
1919
Tusche/Büttenpapier
640 x 469 mm
bez. u. r.: Karl Peter Röhl 1919.
KPRS Weimar Inv. Nr. Z 90

22
Ohne Titel
1919
Tusche und Wasserfarbe/Büttenpapier
639 x 471 mm
bez. u. r. der Mitte: Karl Peter Röhl 1919.
KPRS Weimar Inv. Nr. Z 83

23
Ohne Titel
nicht datiert (1919)
Tusche und Wasserfarbe/Büttenpapier
639 x 472 mm
bez. u. M.: R
KPRS Weimar Inv. Nr. Z 85

24
Ohne Titel
1919
Tusche und Wasserfarbe/Büttenpapier
617 x 472 mm
bez. u. l. der Mitte: Karl Peter Röhl 1919
KPRS Weimar Inv. Nr. Z 82

25
Ohne Titel
1919
Tusche und Wasserfarbe/Büttenpapier
639 x 468 mm
bez. u. r.: K. Peter Röhl 1919.
KPRS Weimar Inv. Nr. Z 84

 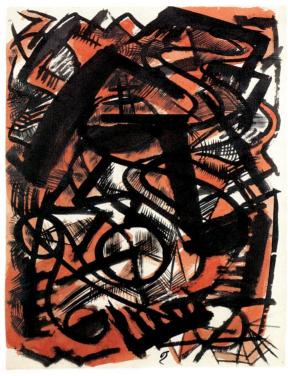

22 23
24 25

26
Ohne Titel (Kosmische Komposition)
1919
Holzschnitt/Japanpapier
421 x 385 mm
bez. u. l.: Karl Peter Röhl 1919
KPRS Weimar Inv. Nr. D 19

27
Ohne Titel (Kosmische Komposition)
1919
Holzschnitt/Japanpapier
530 x 396 mm
bez. u. l.: 1/20. Karl Peter Röhl 1919.
KPRS Weimar Inv. Nr. D 20

28
Ohne Titel (Kosmische Komposition)
1919
Holzschnitt/Japanpapier
443 x 303 mm
bez. u. l.: Karl Peter Röhl 1919.
KPRS Weimar Inv. Nr. D 38

29
Ohne Titel (Kosmische Komposition)
1919
Holzschnitt/Japanpapier
437 x 273 mm
bez. u. l.: Karl Peter Röhl 1919.
KPRS Weimar Inv. Nr. D 39

27 29
28

30
Ohne Titel (Kosmische Komposition)
1920
Radierung/Büttenpapier
227 x 206 mm
bez. u. l.: 1/20. Karl Peter Röhl 1920.
[Signaturzeichen]
KPRS Weimar Inv. Nr. D 51

31
Ohne Titel (Kosmische Komposition)
1920
Radierung/Büttenpapier
342 x 249 mm
bez. u. l.: 1/20; u. r.: Karl Peter Röhl
1920 [Signaturzeichen]
KPRS Weimar Inv. Nr. D 48

32
Ohne Titel (Kosmische Komposition)
1920
Radierung/Zeichenkarton
357 x 239 mm
bez. u. l.: 1/20; u. r.: [Signaturzeichen]
Karl Peter Röhl 1920.
KPRS Weimar Inv. Nr. D 49

30 31
32

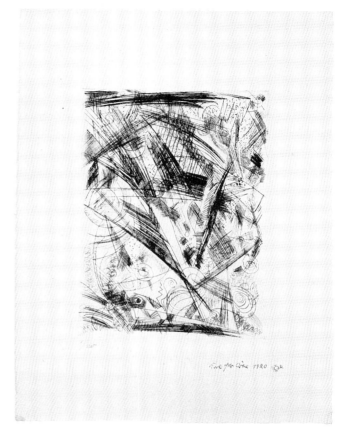

33
Ohne Titel (Kosmische Komposition)
1920
Radierung/Büttenpapier
227 x 206 mm
bez. u. l.: Karl Peter Röhl 1920.
[Signaturzeichen]
KPRS Weimar Inv. Nr. D 50

34
Ohne Titel
1920
Tusche und Aquarell/Papier
246 x 321 mm
bez. u. l.: Karl Peter Röhl 1920
[Signaturzeichen]
KPRS Weimar Inv. Nr. Z 42

35
Ohne Titel
1920
Aquarell/Aquarellkarton
371 x 484 mm
bez. u. l.: Karl Peter Röhl 1920.
KPRS Weimar Inv. Nr. Z 43

36
Ohne Titel
1920
Lithografie/Büttenpapier
679 x 506 mm
bez. u. l.: Karl Peter Röhl 1920
[Signaturzeichen]
KPRS Weimar Inv. Nr. D 44

37
Gebet an Gott
1920
Lithografie/Büttenpapier
677 x 503 mm
bez. u. l.: Karl Peter Röhl 1920
[Signaturzeichen]
KPRS Weimar Inv. Nr. D 45

38
Ohne Titel
1920
Lithografie/Büttenpapier
340 x 510 mm
bez. u. l.: Karl Peter Röhl 1920
[Signaturzeichen]
KPRS Weimar Inv. Nr. D 47

36 37
38

39
Ohne Titel
1920
Tusche und Aquarell/Zeichenkarton
430 x 340 mm
bez. u. l.: Karl Peter Röhl 1920.
Kunstsammlungen zu Weimar Inv. Nr. L 1813

40
Ohne Titel
1920
Tusche und Aquarell/Papier
489 x 321 mm
bez. u. r.: Karl Peter Röhl 1920
[Signaturzeichen]
KPRS Weimar Inv. Nr. Z 41

41
Ohne Titel
1920
Tusche/Zeichenkarton
489 x 322 mm
bez. u. M.: Karl Peter Röhl 1920
[Signaturzeichen]
KPRS Weimar Inv. Nr. Z 60

42
Ohne Titel
1920
Tusche/Zeichenkarton
489 x 323 mm
bez. u. r.: Karl Peter Röhl 1920
[Signaturzeichen]
KPRS Weimar Inv. Nr. Z 59

43
Ohne Titel (Weiblicher Akt vor Gestirnen)
1921
Holzschnitt/Blaues Tonpapier
561 x 356 mm
bez. u. l.: Karl Peter Röhl 1921.
[Signaturzeichen]
KPRS Weimar Inv. Nr. D 24

44
Ohne Titel (Frösche und Embryo)
1921
Holzschnitt/Blaues Tonpapier
482 x 350 mm
bez. u. l.: Karl Peter Röhl 1921.
[Signaturzeichen]
KPRS Weimar Inv. Nr. D 21

45
Ohne Titel (Masken)
nicht datiert (1921)
Holzschnitt/Japanpapier
224 x 261 mm
nicht bez.
KPRS Weimar Inv. Nr. D 52

46
Ohne Titel (Maske)
1921
Holzschnitt/Japanpapier
248 x 217 mm
bez. u. r. der Mitte: Karl Peter Röhl 21.
KPRS Weimar Inv. Nr. D 53

43 44
45 46

47
Ohne Titel (Figurengruppe)
1921
Holzschnitt/Japanpapier
382 x 520 mm, bez. u. l.: Karl Peter Röhl
1921. [Signaturzeichen]
Kunstsammlungen zu Weimar
Inv. Nr. DK 21/78

48 (Abb. S. 49)
Ohne Titel (Verkündigung)
1921
Holzschnitt/Aquarelliertes
Transparentpapier
408 x 535 mm, bez. u. l.: Karl Peter Röhl
1921. [Signaturzeichen]
KPRS Weimar Inv. Nr. D 23

49
Ohne Titel
1921
Tusche /Papier
504 x 421 mm
bez. u. r.: Karl Peter Röhl 1921.
[Signaturzeichen]
Kunstsammlungen zu Weimar Inv. Nr. KK 11225

50
Ohne Titel
1921
Tusche über Graphit/Zeichenkarton
504 x 390 mm
bez. u. l.: Karl Peter Röhl 1921.
[Signaturzeichen]
KPRS Weimar Inv. Nr. Z 64

51
Ohne Titel (Partitur)
1922
Tusche/Notenblatt
263 x 316 mm
bez. u. l.: K. Peter Röhl 1922.
[Signaturzeichen]
Kunstsammlungen zu Weimar Inv. Nr. KK 11166

52
Ohne Titel (Partitur)
1922
Tusche/Notenblatt
264 x 331 mm
bez. u. l.: Karl Peter Röhl 1922.
[Signaturzeichen]
KPRS Weimar Inv. Nr. Z 68

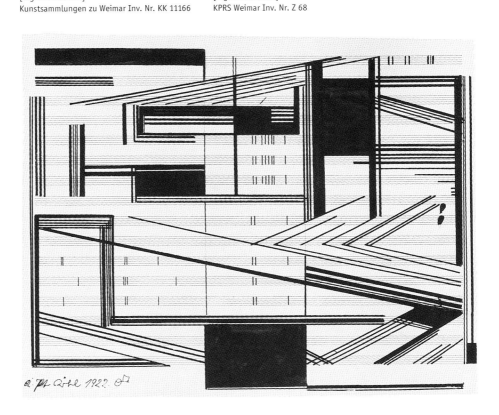

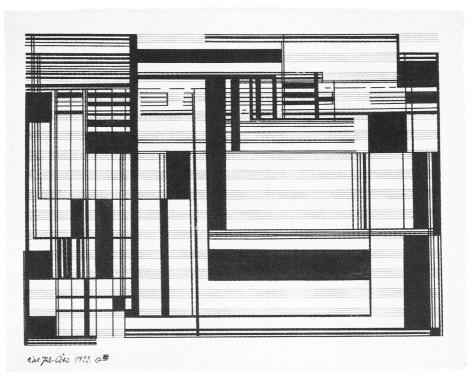

53
Ohne Titel (Flieger)
1922
Tusche und Gouache/Zeichenkarton
500 x 650 mm
bez. u. r.: Karl Peter Röhl 1922.
[Signaturzeichen].
KPRS Weimar Inv. Nr. Z 11

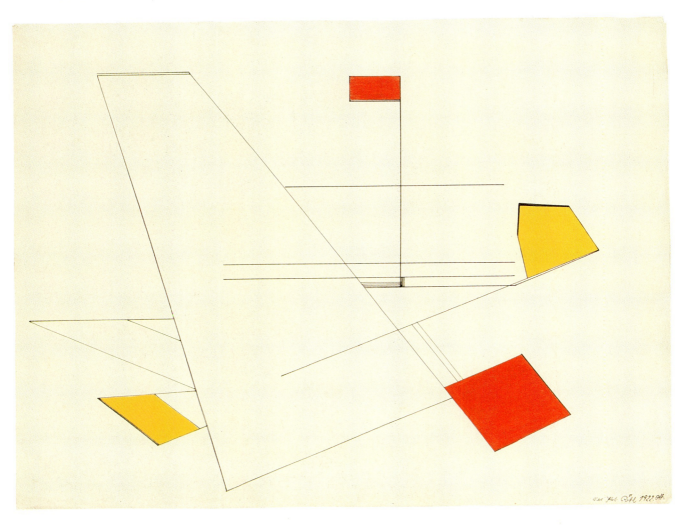

54
Ohne Titel (Maschine)
1922
Tusche über Graphit/Papier
258 x 400 mm
bez. u. l. der Mitte: Karl Peter Röhl
1922. [Signaturzeichen]
KPRS Weimar Inv. Nr. Z 73

55
Ohne Titel (Flieger)
1922
Tusche/Papier
259 x 394 mm
bez. u. r.: K. Peter Röhl 1922.
[Signaturzeichen].
KPRS Weimar Inv. Nr. Z 74

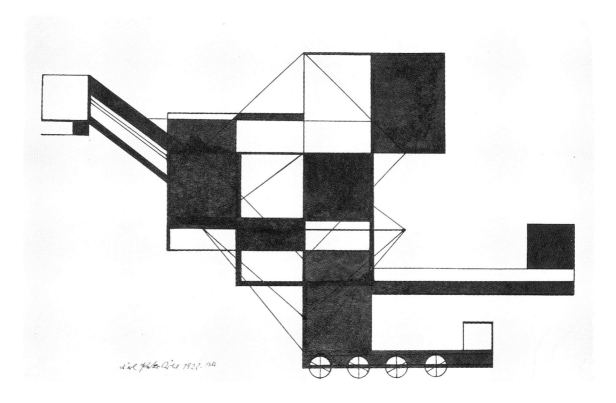

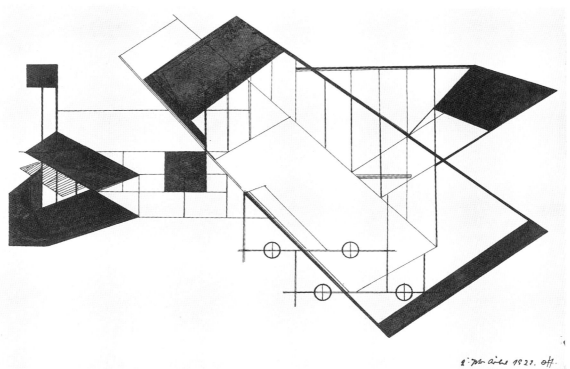

56
Ohne Titel
1922
Tusche/Papier
197 x 259 mm
bez. u. r.: Karl Peter Röhl 1922.
[Signaturzeichen].
KPRS Weimar Inv. Nr. Z 75

57
Ohne Titel
1922
Tusche/Papier
348 x 473 mm
bez. u. l.: K. Peter Röhl 1922.
[Signaturzeichen].
KPRS Weimar Inv. Nr. Z 72

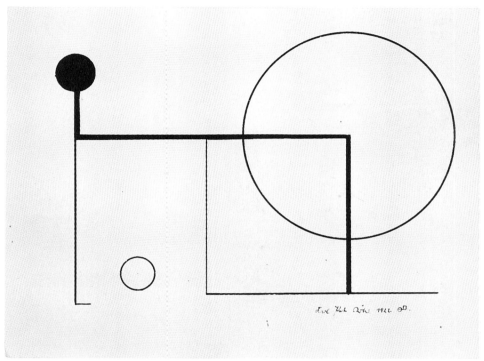

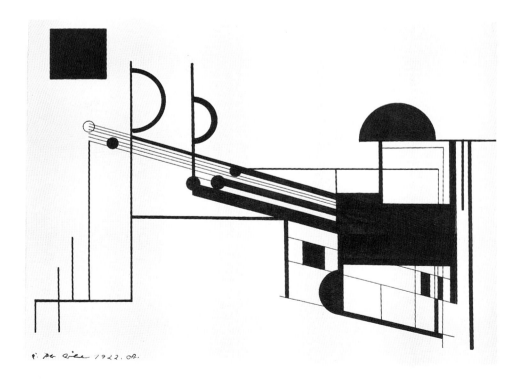

58
Ohne Titel (Papierdrachen)
1922
Tusche und Gouache über Graphit/Papier
409 x 353 mm
bez. u. l. der Mitte: Karl Peter Röhl 1922.
[Signaturzeichen].
KPRS Weimar Inv. Nr. Z 10

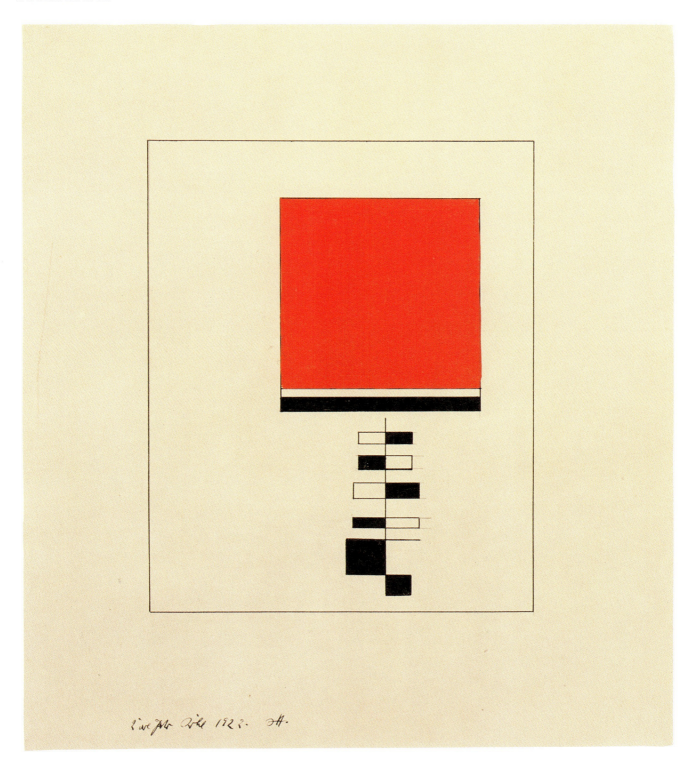

59
Ohne Titel (Farbstudie)
1922
Gouache und Collage über Graphit/Papier
101 x 107 mm
bez. u. r.: Karl Peter Röhl 1922
[Pentagramm]
KPRS Weimar Inv. Nr. Z 1

60
Ohne Titel
1921
Tusche über Graphit/Zeichenkarton
244 x 163 mm
bez. u. l.: Karl Peter Röhl 1921.
[Signaturzeichen]
KPRS Weimar Inv. Nr. Z 66

61
Ohne Titel
1923
Tusche/Zeichenkarton
327 x 250 mm
bez. u. l. (unterstrichen): Karl Peter Röhl 1923
[hochgestelltes Quadrat].
KPRS Weimar Inv. Nr. Z 77

62
Ohne Titel
1924
Tusche, Aquarell, Gouache über Graphit/Zeichenkarton
326 x 500 mm
bez. u. r.: Karl Peter Röhl 1924 [hochgestelltes Quadrat].
KPRS Weimar Inv. Nr. Z 19

60 61
62

63
Ohne Titel
1922
Collage/Gelbes Tonpapier, auf graubraunen Karton montiert
234 x 132 mm
314 x 246 mm (Unterlage)
bez. u. l.: Karl Peter Röhl 1922 [hochgestelltes Quadrat].
KPRS Weimar Inv. Nr. Z 8

64
Ohne Titel
1924
Tusche, Graphit, Rötel/Zeichenkarton
318 x 323 mm
bez. u. r. (doppelt unterstrichen): Karl Peter Röhl 1924
[hochgestelltes Quadrat].
KPRS Weimar Inv. Nr. Z 79

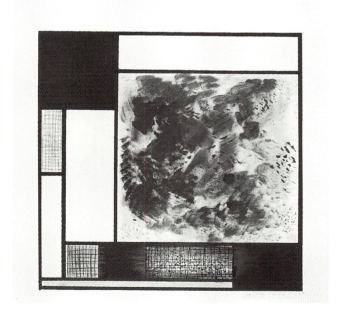

65

Ohne Titel
1923
Tusche, Collage, Gouache/Zeichenkarton
250 x 325 mm
bez. u. r.: Karl Peter Röhl 1923
[hochgestelltes Quadrat].
KPRS Weimar Inv. Nr. Z 12

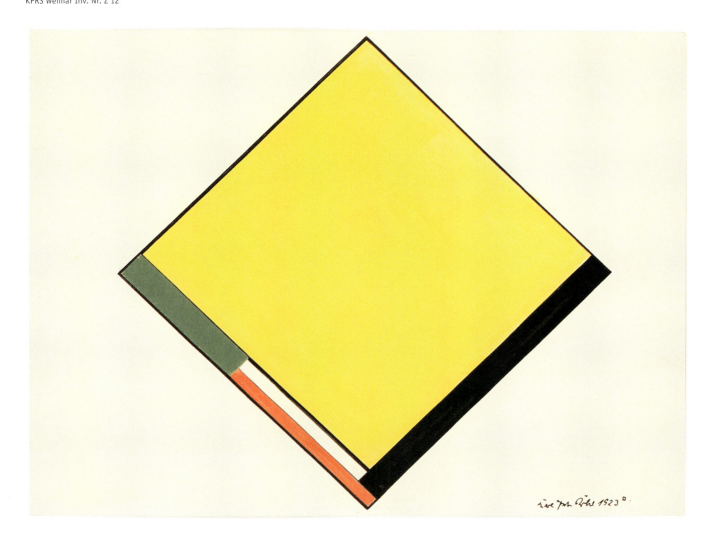

66
Reklame Peter Röhl
1923
Tusche und Gouache über Graphit/Zeichenkarton
500 x 323 mm
bez. u. r. (dreifach unterstrichen): Karl Peter Röhl 1923
[hochgestelltes Quadrat].
KPRS Weimar Inv. Nr. Z 16

67
Ohne Titel („Postkarte")
1923
Tusche und Gouache/Papier
250 x 324 mm
bez. u. l. (unterstrichen): Karl Peter Röhl 23
[hochgestelltes Quadrat].
KPRS Weimar Inv. Nr. Z 2

68
Postkarte „Neue Reklame Gestaltung Peter Röhl"
nicht datiert (um 1923)
Buchdruck/Papier
123 x 152 mm
nicht bez.
KPRS Weimar Inv. Nr. D 4

69
Plakat zur „5. Thüringer Kunstausstellung"
nicht datiert (1926)
Buchdruck/Papier
880 x 620 mm
bez. u. l.: Karl Peter Röhl.
Neue Reklame Gestaltung Weimar Kunstschulstr. 4.
KPRS Weimar Inv. Nr. D 1

70
Briefbogen für die „Werkstätte für
Eigenkleidung Margarete Neumann", Weimar
nicht datiert (um 1924)
Buchdruck/Papier
156 x 104 mm
nicht bez.
KPRS Weimar Inv. Nr. D 8

71
Geschäftskarte „Neue Reklame
Gestaltung Karl Peter Röhl"
nicht datiert (um 1924)
Buchdruck/Karton
67 x 122 mm
nicht bez.
KPRS Weimar Inv. Nr. D 2

72
Einladungskarte zu einem „Apachen
Ball" im Hause Schmid-Burgk, Weimar
nicht datiert (um 1925)
Buchdruck/Karton
124 x 171 mm
nicht bez.
KPRS Weimar Inv. Nr. D 18

70 71
72

73
Ohne Titel (Zeichen)
1923
Tusche und Gouache/Zeichenkarton
650 x 500 mm
bez. u. r. (doppelt unterstrichen): Karl Peter Röhl 1923
[hochgestelltes Quadrat].
KPRS Weimar Inv. Nr. Z 14

74
Ohne Titel (Zeichen)
1925
Tusche und Gouache über Graphit/Zeichenkarton
651 x 500 mm
bez. u. r.: Karl Peter Röhl 1925
[hochgestelltes Quadrat].
KPRS Weimar Inv. Nr. Z 20

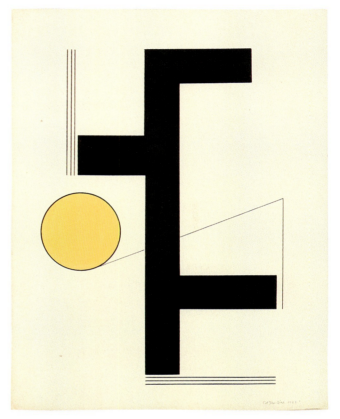

75
Ohne Titel
1925
Tusche und Gouache über Graphit/Zeichenkarton
633 x 481 mm
bez. u. l. (doppelt unterstrichen): Karl Peter Röhl 1925.
[hochgestelltes Quadrat]
KPRS Weimar Inv. Nr. Z 21

76
Ohne Titel
1925
Tusche und Gouache über Graphit/Zeichenkarton
649 x 500 mm
bez. u. r. (doppelt unterstrichen): Karl Peter Röhl 1925.
[hochgestelltes Quadrat]
KPRS Weimar Inv. Nr. Z 22

77
Kleine Frankfurter Folge, Blatt 13
1926
Tusche und Gouache über Graphit/Karton
650 x 497 mm
bez. u. r.: Karl Peter Röhl 1926.
[hochgestelltes Quadrat] 13.
KPRS Weimar Inv. Nr. Z 31

78
Kleine Frankfurter Folge, Blatt 1
1926
Tusche und Gouache über Graphit/Karton
650 x 500 mm
bez. u. r.: Karl Peter Röhl 1926
[hochgestelltes Quadrat] 1.
KPRS Weimar Inv. Nr. Z 29

79
Kleine Frankfurter Folge, Blatt 6
1926
Tusche und Gouache über Graphit/Karton
651 x 495 mm
bez. u. r.: Karl Peter Röhl 1926
[hochgestelltes Quadrat] 6.
KPRS Weimar Inv. Nr. Z 32

80
Kleine Frankfurter Folge, Blatt 4
nicht datiert (1926)
Tusche und Gouache/Karton
650 x 500 mm
bez. o. l.: Karl Peter Röhl 4.
KPRS Weimar Inv. Nr. Z 28

81
Kleine Frankfurter Folge, Blatt 9
nicht datiert (1926)
Tusche und Gouache über Graphit/Karton
650 x 499 mm
bez. o. l.: Karl Peter Röhl 9.
KPRS Weimar Inv. Nr. Z 30

78 79
80 81

119

82 83
84 85

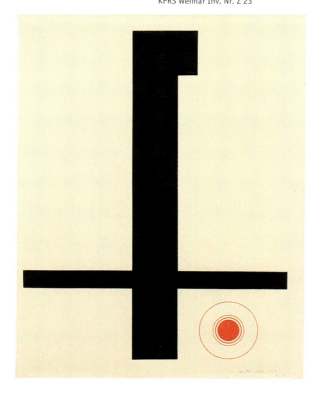

86
Große Frankfurter Folge, Blatt 20
1926
Tusche und Gouache über Graphit/Karton
650 x 500 mm
bez. u. r.: Karl Peter Röhl 1926
[hochgestelltes Quadrat] Bl. 20.
KPRS Weimar Inv. Nr. Z 24

AUSSTELLUNGSVERZEICHNIS

1912	„Weihnachtsausstellung von Werken Weimarischer Künstler und Bildhauer", Großherzogliches Museum für Kunst und Kunstgewerbe, Weimar
1913	„Weihnachtsausstellung von Werken Weimarischer Künstler und Bildhauer", Großherzogliches Museum für Kunst und Kunstgewerbe, Weimar
1919	„Gemälde und Skulpturen Weimarischer Künstler. Gruppe II.", Großherzogliches Museum für Kunst und Kunstgewerbe, Weimar
1920	Kunsthistorisches Seminar der Universität Marburg (Grafik von Lyonel Feininger, Hans Breustedt, Werner Gilles, Margarete Bittkow, Johannes Molzahn, Karl Peter Röhl, Johannes Karl Herrmann)
	Galerie Hans Goltz, München
	„Sonderausstellung Peter Drömmer, Werner Lange, Karl Peter Röhl", Ausstellung der Schleswig-Holsteinischen Kunstgenossenschaft, Kunsthalle zu Kiel
1921	„Graphik von Karl Peter Röhl", Graphisches Kabinett Bruno Wollbrück, Weimar
	„Karl Peter Röhl", Kunstverein Jena
	„Große Berliner Kunstausstellung", Berlin
1922	„Gemälde von Wilhelm Morgner. Graphik und Zeichnungen von Karl Peter Röhl", Landesmuseum Weimar
	„I. Internationale Kunstausstellung", Düsseldorf
	„I. Thüringer Kunst-Ausstellung", Landesmuseum Weimar
1923	„Große Berliner Kunstausstellung", Berlin
	„Konstruktivistische Ausstellung" (Max Burchartz, Walter Dexel, Karl Peter Röhl, Josef Zachmann), Atelier Josef Zachmann, Weimar
	„Ausstellung neuer Künstler - Konstruktivisten. Willi Baumeister, Erich Buchholz, Max Burchartz, Walter Dexel, Oskar Fischer, László Péri, Karl Peter Röhl, Arthur Segal", Kunstverein Jena
1924	„Die Konstruktivisten der Sammlung Graf Kielmansegg", Landesmuseum Weimar
	„Große Berliner Kunstausstellung", Berlin
1926	„Fünfte Thüringer Kunstausstellung", Landesmuseum Weimar
1927	„Internationale Musikausstellung: Musik im Leben der Völker", Messegelände Frankfurt/M.
1929	„Junge unbekannte Kunst", Kunstblatt-Ausstellung, Reckendorfhaus Berlin
1930	„Karl Peter Röhl: Taunuslandschaften, Bildnisse, Kompositionen", Kunsthandlung Schames, Frankfurt/M.
	„Künstler im Reich", Kunstblatt-Ausstellung, Reckendorfhaus Berlin
1930/31	„International Exhibition of Lithography and Wood Engraving", The Art Institute of Chicago, USA
1931	„Mittelrheinische Landschaftsmalerei von 1750-1930", Bad Homburg

1932	Kunstverein Erfurt, Angermuseum
1947	„Karl Peter Röhl: Vorschule der Kunst. Lehrarbeiten aus der Schule von Peter Röhl", Kunsthalle zu Kiel
	„Karl Peter Röhl: Ausstellung seiner Bilder und Zeichnungen. 1. Abteilung: Die inhaltliche Malerei; 2. Abteilung: Die absolute Malerei", Neue Galerie Kiel
1948	„Karl Peter Röhl als Landschafter", Kunst-Galerie Bohrer, Kiel
	„Karl Peter Röhl: Der Baum", Neue Galerie Kiel
1951	„Ausstellung des Künstlerbundes Schleswig-Holstein", Kunsthalle zu Kiel
1952/53	„Schleswig-Holsteinische Künstler 1952", Kunsthalle zu Kiel
1953	„Landschaftsmalerei in Schleswig-Holstein 1850-1950", Städtisches Museum Flensburg
1961	„Karl Peter Röhl: Aus Anlaß des 70. Geburtstages", Kunsthalle zu Kiel
1962	„Die zwanziger Jahre in Hannover 1916-1922", Kunstverein Hannover
	„Kunst des 20. Jahrhunderts", Landesgalerie Hannover
1963	„Werbegrafik 1920-30. Grafische, typografische, fotografische Experimente der zwanziger Jahre", göppinger galerie, Frankfurt/M.
1964	„Bauhaus. Idee - Form - Zweck - Zeit. Dokumente und Äußerungen", göppinger galerie, Frankfurt/M.
1965	„Karl Peter Röhl. Gemälde, Aquarelle, Zeichnungen, Graphik", Schleswig-Holsteinisches Landesmuseum, Schleswig
1968	„50 Jahre Bauhaus", Württembergischer Kunstverein, Stuttgart
1969	„Bauhaus 1919-1969", Musée National d'art moderne und Musée d'art moderne de la ville de Paris
1971	„Deutsche Avantgarde 1915-1935 (Konstruktivisten)", Galerie Gmurzynska-Bargera, Köln
1972	„Rationale Spekulationen. Konstruktivistische Tendenzen in der europäischen Kunst zwischen 1915 und 1930 ausgewählt aus deutschen Privatsammlungen", Städtisches Museum Mönchengladbach
	„Konstruktivismus. Entwicklung und Tendenzen seit 1913", Galerie Gmurzynska-Bargera, Köln
1973	„Intergroup '72", Städtische Sammlungen Rheinhausen
	„The Non-Objective World, 1914-1955", Annely Juda Fine Art, London
1974	„De Stijl - Cercle et Carré. Entwicklungen des Konstruktivismus in Europa ab 1917", Galerie Gmurzynska, Köln
1975	„Karl Peter Röhl / Bauhaus Weimar", Galerie Gmurzynska, Köln
1976	„Malewitsch - Mondrian und ihre Kreise. Aus der Sammlung Wilhelm Hack, Köln-Ludwigshafen/Rhein", Kölnischer Kunstverein
1977	„Cesar Klein, Karl Peter Röhl, Richard Haizmann", Schleswig-Holsteinisches Landesmuseum, Schleswig

„Tendenzen der Zwanziger Jahre", 15. Europäische Kunstausstellung unter den Auspizien des Europarats, Berlin

„Malewitsch - Mondrian. Konstruktion als Konzept", Kunstverein Hannover

„Karl Peter Röhl", Galerie Quincampoix, Paris

1977/78   „Kunstschulreform 1900-1933. Fünf Beispiele ihrer Verwirklichung", Bauhaus-Archiv Berlin

1979   „Karl Peter Röhl. Aquarelle, Zeichnungen, Druckgraphik 1919-1961", Kunsthalle zu Kiel

„Mondrian und De Stijl", Galerie Gmurzynska, Köln

1985   „Karl Peter Röhl. Constructivist works 1921-1926", Prakapas Gallery, New York

„Vom Klang der Bilder. Die Musik in der Kunst des 20. Jahrhunderts", Staatsgalerie Stuttgart

„Pioniere der abstrakten Kunst aus der Sammlung Thyssen-Bornemisza", Galerie Gmurzynska, Köln

1986   „Formen auf weißem Grund. Konstruktivismus und geometrische Kunst", Galerie Stolz, Köln

1988   „Utopias de la Bauhaus - Bauhaus-Utopien", Galería Nacional de Budapest; Centro de Arte Reina Sofia, Madrid; Kölnischer Kunstverein

1989   „Werkstattarbeiten des Staatlichen Bauhauses Weimar 1919-1925", Kunstsammlungen zu Weimar

1990   „Karl Peter Röhl. Bauhausjahre. Ausstellung zum 100. Geburtstag", Galerie Gmurzynska, Köln

1991   „Vision vom Raum. Kunst und Architektur von 1910 bis 1990", Galerie Gmurzynska, Köln

1992   „Konstruktivistische schöpferische internationale Arbeitsgemeinschaft 1922-1927. Utopien für eine europäische Kultur", Kunstsammlung Nordrhein-Westfalen, Düsseldorf; Staatliche Galerie Moritzburg, Halle

1992/93   „Kunstwende. Der Kieler Impuls des Expressionismus 1915-1922", Stadtgalerie im Sophienhof, Kiel

1993/94   „Bauhaus-Künstler. Malerei und Grafik aus den Beständen der Kunstsammlungen zu Weimar und der Deutschen Bank", Kunstsammlungen zu Weimar; Museum Wiesbaden; Bauhaus Dessau

1994   „Bauhaus Weimar 1919-1925", Stadtmuseum Bonn

„Das frühe Bauhaus und Johannes Itten", Kunstsammlungen zu Weimar; Bauhaus-Archiv Berlin; Kunstmuseum Bern

1995   „Das A und O des Bauhauses. Bauhauswerbung: Schriftbilder, Drucksachen, Ausstellungsdesign", Bauhaus-Archiv Berlin; Württembergischer Kunstverein Stuttgart; Gerhard-Marcks-Haus Bremen

„Die neue Wirklichkeit. Abstraktion als Weltentwurf", Wilhelm-Hack-Museum, Ludwigshafen/Rhein

1996   „Bilder Heimat. Kunst aus Schleswig-Holstein aus einer Kieler Privatsammlung", Schleswig-Holsteinische Landesbibliothek, Kiel

BIBLIOGRAFIE

Eigene Texte

Karl Peter Röhl, Die Ausmalung des Residenz-Theaters in Weimar, in: De Stijl, 4. Jg., 1921, Heft 9, S. 143

Karl Peter Röhl, Der Beginn und die Entwicklung des Stil's in Weimar, in: De Stijl, 7. Jg., 1927, Nr. 79-84, S. 580-581

Karl Peter Röhl, An die Jugend, in: Karl Peter Röhl. Ausstellung seiner Bilder und Zeichnungen. 1. Abteilung: Die inhaltliche Malerei, Ausst. Kat. Neue Galerie, Kiel 1947, o. pag.

Karl Peter Röhl, Menschen und Atmosphäre in Weimar, in: Baukunst und Werkform, 1953, Heft 2/3, S. 84-90

Karl Peter Röhl, Idee, Form und Zeit des Staatlichen Bauhauses in Weimar, in: Bauhaus. Idee - Form - Zweck - Zeit. Dokumente und Äußerungen, Ausst. Kat. göppinger galerie, Frankfurt/M. 1964, S. 28-29

Karl Peter Röhl, Vorwort, in: Karl Peter Röhl. Gemälde, Aquarelle, Zeichnungen, Graphik, Ausst. Kat. Schleswig-Holsteinisches Landesmuseum Schloß Gottorf, Schleswig 1965, o. pag.

Karl Peter Röhl, Das Staatliche Bauhaus in Weimar, in: Karl Peter Röhl: Bauhaus Weimar, Ausst. Kat. Galerie Gmurzynska, Köln 1975, S. 3-12

Karl Peter Röhl, Idee, Form und Zeit des Staatlichen Bauhauses in Weimar (erweiterte Fassung), in: Eckhard Neumann (Hrsg.), Bauhaus und Bauhäusler. Erinnerungen und Bekenntnisse, erweiterte Neuausgabe, Köln 1985, S. 97-99

Veröffentlichungen zu Karl Peter Röhl Monografien/Ausstellungskataloge

Karl Peter Röhl. Ausstellung seiner Bilder und Zeichnungen. 1. Abteilung: Die inhaltliche Malerei; 2. Abteilung: Die absolute Malerei, Ausst. Kat. Neue Galerie, Kiel 1947

Karl Peter Röhl: Der Baum, Ausst. Kat. Neue Galerie, Kiel 1948

Karl Peter Röhl. Aus Anlaß des 70. Geburtstages, Ausst. Kat. Kunsthalle zu Kiel 1961

Karl Peter Röhl. Gemälde, Aquarelle, Zeichnungen, Graphik, Ausst. Kat. Schleswig-Holsteinisches Landesmuseum Schloß Gottorf, Schleswig 1965

Eckhard Gerke, Werkstattbesuche bei dem Maler Peter Röhl (Examensarbeit PH Kiel), Kiel 1969

(Kat. Röhl 1975)
Karl Peter Röhl/Bauhaus Weimar, Ausst. Kat. Galerie Gmurzynska, Köln 1975

(Kat. Röhl 1977)
Cesar Klein (1876-1954). Karl Peter Röhl (1890-1975). Richard Haizmann (1895-1963), Ausst. Kat. Schleswig-Holsteinisches Landesmuseum Schloß Gottorf, Schleswig 1977

(Kat. Röhl 1979)
Karl Peter Röhl. Aquarelle, Zeichnungen, Druckgraphik 1919-1961, Ausst. Kat. Kunsthalle zu Kiel 1979

Karl Peter Röhl. Constructivist works 1921-1926, Ausst. Kat. Prakapas Gallery, New York 1985

(Kat. Röhl 1990)
Karl Peter Röhl. Bauhausjahre. Ausstellung zum 100. Geburtstag, Galerie Gmurzynska, Köln 1990

Kunstwende. Der Kieler Impuls des Expressionismus 1915-1922, Ausst. Kat. Stadtgalerie im Sophienhof Kiel, Neumünster 1992

Allgemeine Veröffentlichungen/Periodika

Prolet. Halbmonatsschrift für proletarische Kultur, 1. Jg, 1919, Heft 1-3; 2. Jg., 1920, Heft 5

De Stijl, 5. Jg., 1922, Heft 12

Mécano, 1. Jg., 1922, Nr. 2 (Blau)

Mécano, 2. Jg., 1923, Nr. 4/5 (Weiß)

MA, Internationale Zeitschrift für aktivistische Kunst, 8. Jg., 1923, Heft 5/6 (Deutsches Sonderheft)

MA, Internationale Zeitschrift für aktivistische Kunst, 8. Jg., 1923, Heft 7/8

De Stijl, 1924/25, Heft 9

Kurt Schwitters, Merfüsermär, in: Der Sturm, 16. Jg., 1925, Heft 11/12, S. 169-172

G. Zeitschrift für elementare Gestaltung, hrsg. von Hans Richter und Werner Graeff, 1926, Heft 5/6

Walter Dexel, Reklame im Stadtbild, in: das neue frankfurt, 1. Jg., 1927, Heft 3, S. 45-49

De Stijl, 8. Jg., 1928, Nr. 85/86

Walter Dressler, Kirchenfenster. Zu den Glasmalereien von Karl Peter Röhl in der neuerbauten Friedenskirche zu Frankfurt/M., in: das neue frankfurt, 2. Jg., 1928, S. 182-184

Ders., Kirchenfenster. Ein Beitrag zu den Glasfenstern von Karl Peter Röhl in der neuerbauten Frankfurter Friedenskirche, in: Südwestdeutsche Rundfunkzeitung, 1928, Nr. 15, S. 4

Richard Bie, Deutsche Malerei der Gegenwart, Weimar 1930

Paul Westheim, Die Kunstblatt-Ausstellung junger Künstler im Reckendorfhaus, Berlin, in: Das Kunstblatt, 14. Jg., 1930, S. 1-16

Ders., Künstler im Reich, in: Das Kunstblatt, 14. Jg., 1930, S. 257-271

Ders., Legenden aus dem Künstlerleben, in: Das Kunstblatt, 15. Jg., 1931, S. 183-186

Robert Diehl, Der Maler Peter Röhl, in: Schleswig-Holsteinisches Jahrbuch, 19. Jg., 1930/31, S. 62-70

Blätter der Städtischen Bühnen Frankfurt am Main, 7. Jg., 1939/40

Herbert Bayer, Walter Gropius, Ise Gropius (Hrsg.), Bauhaus 1919-1928, Stuttgart 1955

Lothar Schreyer, Erinnerungen an Sturm und Bauhaus, München 1956

Dank in Farben. Aus dem Gästebuch Thekla und Alfred Hess, München 1957

Hans Richter, Dada Profile, Zürich 1961

Die zwanziger Jahre in Hannover 1916-1922, Ausst. Kat. Kunstverein Hannover 1962

Werbegrafik 1920-30. Grafische, typografische, fotografische Experimente der zwanziger Jahre, Ausst. Kat. göppinger galerie, Frankfurt/M. 1963

Bauhaus. Idee - Form - Zweck - Zeit. Dokumente und Äußerungen, Ausst. Kat. göppinger galerie, Frankfurt/M. 1964

H. L. C. Jaffé, De Stijl 1917-1931, Berlin/Frankfurt/M./Wien 1965

Walther Scheidig, Bauhaus Weimar 1919-1924. Werkstattarbeiten, Leipzig 1966

Sophie Lissitzky-Küppers, El Lissitzky, Dresden 1967

Hans Richter, Köpfe und Hinterköpfe, Zürich 1967

50 Jahre Bauhaus, Ausst. Kat. Württembergischer Kunstverein, Stuttgart 1968

Hans M. Wingler, Das Bauhaus. 1919-1933 Weimar Dessau Berlin, Bramsche 1968

Joachim Kruse, Farbige Tusche als Gestaltungs-material. Arbeiten des Malers Karl Peter Röhl, in: Der Pelikan, Zeitschrift der Pelikan-Werke Hannover, 1968, Heft 70, S. 14-16

Bauhaus 1919-1969, Ausst. Kat. Musée national d´art moderne, Musée d´art moderne de la ville de Paris, Paris 1969

Deutsche Avantgarde 1915-1935 (Konstruktivi-sten), Ausst. Kat. Galerie Gmurzynska-Bargera, Köln 1971

Rationale Spekulationen. Konstruktivistische Tendenzen in der europäischen Kunst zwischen 1915 und 1930 ausgewählt aus deutschen Privatsammlungen, Ausst. Kat. Städtisches Museum Mönchengladbach 1972

Edwin Redslob, Von Weimar nach Europa. Erlebtes und Durchdachtes, Berlin 1972

Konstruktivismus. Entwicklung und Tendenzen seit 1913, Ausst. Kat. Galerie Gmurzynska-Bargera, Köln 1972

20er Jahre Neuerwerbungen, Ausst. Kat. Kunst-gewerbemuseum Berlin 1972

The Art Deco Style in Household Objects. Archi-tecture, Sculpture, Graphics, Jewelry, New York 1972

Intergroup 1972, Ausst. Kat. Städtische Samm-lungen Rheinhausen 1972

The Non-Objective World 1914-1955, Ausst. Kat. Annely Juda Fine Art, London 1973

De Stijl - Cercle et Carré. Entwicklungen des Kon-struktivismus in Europa ab 1917, Ausst. Kat. Galerie Gmurzynska, Köln 1974

Horst Richter, Geschichte der Malerei im 20. Jahrhundert, Köln 1974

Ernst Nündel (Bearb.), Kurt Schwitters. Wir spielen bis der Tod uns abholt. Briefe aus fünf Jahrzehnten, Frankfurt 1975

Malewitsch - Mondrian und ihre Kreise. Aus der Sammlung Wilhelm Hack, Köln-Ludwigshafen/ Rhein, Ausst. Kat. Kölnischer Kunstverein 1976

Karl-Heinz Hüter, Das Bauhaus in Weimar. Stu-die zur gesellschaftspolitischen Geschichte ei-ner deutschen Kunstschule, Berlin (DDR) 1976

Hans M. Wingler (Hrsg.), Kunstschulreform 1900-1933. Fünf Beispiele ihrer Verwirklichung, Berlin 1977

Malewitsch - Mondrian. Konstruktion als Kon-zept, Ausst. Kat. Kunstverein Hannover 1977

Tendenzen der Zwanziger Jahre. 15. Europäi-sche Kunstausstellung unter den Auspizien des Europarats, Berlin 1977

Willy Rotzler, Konstruktive Konzepte. Eine Geschichte der konstruktiven Kunst vom Kubis-mus bis heute, Zürich 1977; überarbeitete und erweiterte Neuauflage, Zürich 1988

Bauhaus Weimar 1919-1925. Werkstattarbeiten, Ausst. Kat. Kunstsammlungen zu Weimar 1977; veränderte Neuauflage Weimar 1989

Karl Rickers, Der Kieler Maler Werner Lange, Kiel 1978

Paris - Berlin 1900-1933. Rapports et con-trastes, Ausst. Kat. Centre Georges Pompidou, Paris 1978

Mondrian und De Stijl, Ausst. Kat. Galerie Gmurzynska, Köln 1979

Karl Riha, Da Dada da war ist Dada da. Auf-sätze und Dokumente, München/Wien 1980

Friedrich Peter Drömmer (1889-1968). Kieler Künstler im Aufbruch und Umbruch nach dem Ersten Weltkrieg. Aspekte der Zwanziger Jahre, Ausst. Kat. Kulturamt der Stadt Kiel, Kiel o. J. (1980)

Robert L. Herbert, Eleanor S. Apter, Elise K. Kenney (Hrsg.), The Societé Anonyme and the Dreier Bequest at Yale University. A Catalogue Raisonné, New Haven/London 1984

Frank Whitford, Bauhaus, London 1984

Eckhard Neumann (Hrsg.), Bauhaus und Bauhäusler. Erinnerungen und Bekenntnisse, Bern 1971, erweiterte Neuausgabe, Köln 1985

Karin von Maur (Hrsg.), Vom Klang der Bilder. Die Musik in der Kunst des 20. Jahrhunderts, Ausst. Kat. Staatsgalerie Stuttgart, München 1985

Bauhaus-Utopien - Arbeiten auf Papier, Ausst. Kat. Nationalgalerie Budapest/Centro de Arte Reina Sofia, Madrid/Kölnischer Kunstverein, Stuttgart 1988

Volker Wahl, Jena als Kunststadt. Begegnungen mit der modernen Kunst in der thüringischen Universitätsstadt zwischen 1900 und 1933, Leipzig 1988

Renate Heuer, Frank Kind (Hrsg.), Johannes Ilmari Auerbach - Johannes Ilmari - John J. Allenby 1899-1950. Eine Autobiographie in Briefen, Bad Soden/Woywood 1989

Magdalena Droste, Bauhaus 1919-1933, Köln 1990

Konstruktivistische schöpferische internatio-nale Arbeitsgemeinschaft 1922-1927. Utopien für eine europäische Kultur, Ausst. Kat. Kunst-sammlung Nordrhein-Westfalen, Düssel-dorf/Staatliche Galerie Moritzburg, Halle, Ost-fildern-Ruit 1992

Winfried Nerdinger (Hrsg.), Bauhaus-Moderne im Nationalsozialismus. Zwischen Anbiederung und Verfolgung, München 1993

Annemarie Jaeggi, Adolf Meyer. Der zweite Mann. Ein Architekt im Schatten von Walter Gropius, Ausst. Kat. Bauhaus-Archiv Berlin, Berlin 1994

Das frühe Bauhaus und Johannes Itten, Ausst. Kat. Kunstsammlungen zu Weimar/Bauhaus-Ar-chiv Berlin/Kunstmuseum Bern, Ostfildern-Ruit 1994

Ute Brüning (Hrsg.), Das A und O des Bauhau-ses. Bauhauswerbung: Schriftbilder, Drucksa-chen, Ausstellungsdesign, Ausst. Kat. Bauhaus-Archiv Berlin/Württembergischer Kunstverein Stuttgart/Gerhard-Marcks-Haus Bremen, Leip-zig 1995

Lutz Schöbe, Wolfgang Thöner (Red.), Stiftung Bauhaus Dessau. Die Sammlung, Ostfildern-Ruit 1995

De vervolgjaren van De Stijl 1922-1932, red. v. Carel Blotkamp, Amsterdam/Antwerpen 1996

Christian Gries, Johannes Molzahn (1892-1965) und der „Kampf um die Kunst" im Deutschland der Weimarer Republik, Diss. Augsburg 1996

BilderHeimat. Kunst aus Schleswig-Holstein in einer Privatsammlung, Ausst. Kat. Schleswig-Holsteinische Landesbibliothek Kiel 1996

Rainer Stamm, Karl Peter Röhl und Johannes Karl Herrmann. Zwei „Bauhäusler" der ersten Stunde, in: Weltkunst, 67. Jg., 1997, Heft 9, S. 932-934

Sigel

KPRS Weimar:
Karl Peter Röhl Stiftung Weimar
KuSa Weimar:
Kunstsammlungen zu Weimar
ThHStAW:
Thüringisches Hauptstaatsarchiv Weimar